中公文庫

本牧亭の灯は消えず

席亭・石井英子一代記

石 井 英 子

中央公論新社

庵看板と著者

目次

本牧亭の灯は消えず　席亭・石井英子一代記

序章　雪の夜の楽屋

　しんしんと底冷えのする夜だった。

　楽屋には、神田伯山《かんだはくざん》（五代目）と後援者、それに本牧亭関係者から〝おかみさん〟と呼ばれている石井英子《ひでこ》の三人が火鉢を囲んで座っていた。

　伯山とおかみさんは先ほどから激しく言い争いをしていたが、二人とも議論に飽きたのか今は押し黙ったままだった。ひとり贔屓筋《ひいきすじ》だけが手酌で酒を飲みながらニヤニヤしていた。

　時刻はとうに深夜の一時を回っていた。

　――その日、伯山さんの独演会がはねた後、楽屋で四方山話《よもやまばなし》をしていて、「旧態依然たる読み物、語り口ではお客様に飽きられてしまう。講談も時代とともに変わっていかなくては」と生意気を言ったんです。「このままでは本牧亭は時代遅れの骨董品屋になってしまいますよ」ってね。

この言葉に伯山さんはカチンときたんです。

「英子さん、こ、骨董品てのは失礼じゃないかい。講談定席《じょうせき》の主《あるじ》がそんな考え方をしていたんでは、こ、困るよ。こ、講談はね、五百年の伝統を誇る芸能なんだから、先人の芸を継承していくことも大事なことなんだよ。要は、継承する人の芸が芸になっているかどうかであって、芸にさえなっていればお客はついてくるんだ」

「確かに芸が一番、というのはわかります。でも、その芸がわかる方は長年講談に親しんできた、ごく一部の方たちだと思うんです。そういう方だけを相手にしていたら、将来、講談を聴く人はいなくなってしまうのではないですか。講談を聴いたことのない若い人たちも惹《ひ》きつけなければならないと思うんです。そのためには、時代に合った新作を発表するとか、昔ながらに釈台《しゃくだい》と張《は》り扇《おうぎ》だけで、あとは言葉のみで情景を描写する、登場人物を語り分ける、というのではなく、何か新しい演出があってもいいのではないでしょうか」

「それは、じゃ、邪道だな。そんなのは講談じゃないよ。こ、講談は舌耕芸《ぜっこうげい》と言うように舌三寸で時代の風俗や人間の心理を目に見えるように表現するところに、だ、醍醐味があるんであって……」

ずいぶん昔のことなので記憶が定かではありませんが、こんなやりとりをしたのではないかと思います。

伯山さんは芸も達者だし、新作も出す。十八番《おはこ》の「大菩薩峠《だいぼさつとうげ》」にしても「駿河遊俠《するがゆうきょう》伝《でん》」にしても、中里介山《なかざとかいざん》、子母沢寛《しもざわかん》といった方たちの作品を自分で講談向きに脚色したもので、昔から伝わる講談をそのまま読んだものではないんです。しかも、それらの作品は重厚な伯山さんの人柄にピッタリでした。〝最徐行〟というあだなの通りゆっくりしたテンポなんですが、間《ま》をうまく生かして独特な味わいがあったし、声量もあり、タンカ（歯切れのよい台詞《せりふ》）も凄かった。ですから伯山一辺倒のお客様が大勢いらっしゃったし、伯山さんもご自身の芸には絶大な自信を持ってましたね。それだけに、変化を強調する私の言い種《いぐさ》が気に入らなかったのだと思います。

おかみさんの言うように、〝講談〟と言ってもピンとこない若者が多い。

「講談というのはね、ほぼ落語と同じ頃に誕生した伝統的な話芸なんだよ」

と言うと、「ああ、邦楽の一種ですね」といったトンチンカンな答えが返ってきたりする。

そこまで世間から忘れ去られようとしている現実に目を向けない講談師に、おかみさんは苛立っていたのかもしれない。

講談——この言葉が一般に普及しはじめたのは幕末から明治時代で、それ以前は主として講釈と呼ばれていた。野村無名庵《むめいあん》は『本朝話人伝《ほんちょうわじんでん》』の中で、

「元来、講談とは近世の称《とな》え方で、講釈といったのが本統であります。つまり、軍談や物語、記録の類《たぐい》を講義読釈、わかりいいようにといて聞かせるという意味でございましょう」と記し、その由来について「慶長の頃、赤松法印という人が、徳川家康公の御前で、源平盛衰記、太平記等の類をたびたび進講し、続いて諸公にも召されて軍書を講じたのが濫觴《らんしょう》であるとしてあります」と書いている。

今日でも講談師のことを師匠と呼ばず先生と呼ぶのは、諸公相手に講義したという講談の由来によるのである。

講談はその後、江戸から明治にかけて、名人上手が輩出したことも手伝って大衆の娯楽として大隆盛をみることになるが、大正以降は映画の登場などから衰微の一途を辿《たど》り、戦後も三十年代に入ると一握りの講談師と愛好家によって細々とその命脈が保たれるという、危機的状況となる。

おかみさんが伯山と議論したのは、どうやらその頃のことらしい。

神田伯山の独演会。常連が多い客席は物慣れた気楽な雰囲気だった

――講談の先生と講談のことでまともに議論したのは、後にも先にもこのときだけです。当時、たぶん昭和三十四、五年頃のことだと思いますが、客足が遠のく一方でしてね。なんとかして若い人にも関心を持ってもらいたい、という気持ちでいっぱいだったんです。ところが、講談の先生方の大半は、講談は昔からこうなんだ、先代がこうだったからこれでいいんだ、芸がよければ古い読み物でもお客様はついてくる、という考えなんです。

私がいつも引っかかったのは、こうした固定した考えでいるから、講談が現代に生き生きとした生命を持ち得ないんではないか、ということでした。

講談は娯楽の一種ですからね、お客様に楽しんでもらわなくちゃいけないし、ああ今日はいい話を聴くことができた、と思ってもらわなければいけないと思うんです。それには古典ばかりやるんではなくて、今の人にも理解でき共感できるネタを高座にかけ、演出にも工夫する必要があると思うんですね。

ただ、そうは思うものの、私は講談のことを何も知らないで席亭《せきてい》（寄席の主人）になったでしょ。講談師のみなさんが、

「おかみさんは素人《しろうと》だから」

と言って相手にしてくれない。

事実、知らないんです。で、長い間、自分に自信が持てませんでしたから、何か言いたいことがあっても言えない。もっと図々しく構えていればよかったんでしょうが、それができないんです。それで鬱積《うっせき》していたんですね、きっと。

それと意地もありました。その頃、父は客席の後ろのほうでよく講談を聴いていましたが、あるとき、

「これじゃお客様は増えないね。やめたほうがいいよ」

と言うので、

「せっかく始めたんですから、もう少しやってみますよ」

と言ったんです。その手前、なんとしてでも講談を活気のあるものにしたいという気持ちだったんです。それやこれやでムキになったのかもしれません。

ただ、あれだけ言い争っても後くされはないんです。伯山さんは私より一回り上の戌《いぬ》でしてね。性格が似ているのか、強情っぱりで、頑固で、すぐカッとなるけど、終わるとケロッとしている。すぐ忘れちゃうんですね。議論をした後も、前に変わらず可愛がってもらいましたよ。

終わったのは夜中の二時頃だったと思いますが、いつしか通りに面したガラス窓が明るくなっていましてね。窓を開けると雪でした。物覚えの悪い私がこの夜のことを覚えているのは、雪が降っていたからかもしれません。

後日、同席していた後援者の方、南波武男《なんばたけお》といって中里介山さんの私設秘書で、のちに伯山さんの後援会長になった方なんですが、その方が笑いながら、

「あのときは面白かったね。格好の酒の肴《さかな》だったよ」

とおっしゃっていました。

第一章　生い立ち

鈴木家の人々

おかみさんこと石井英子は、明治四十三年十二月十五日、父・鈴木孝一郎《こういちろう》、母・亀久《きく》の三女として下谷区《したや》（現・台東区）上野広小路に生まれている。家は三代続いた寄席・鈴本亭《すずもとてい》（現在は鈴本演芸場）で、当時は現在地の斜め向かいにあった。

東京でも指折りの寄席だった。

――関東大震災で焼ける前の鈴本を描いた絵があったんですよ。最後の浮世絵師と言われ、縛り絵で有名だった伊藤晴雨《せいう》さんに描いてもらったものがあったんですが、管理が悪くて今は所在がわからないんです。あれがあれば一目瞭然なんですけどね。

私の記憶では、建物は木造三階建てで、広小路に面して木戸があり、表には柱が立っていて、それに招《まねき》看板（屋根つきの行灯《あんどん》）がぶら下がっていました。

間口の広い建物でしたので、一階は左側半分を商家、すずめ焼き屋と自転車屋とおしるこ屋に貸していました。このため木戸は右側に寄っていて、中に入ると左にテケツ（切符売場）、右側に下足箱があり、正面に階段がついていて、その下が電話室になっていました。その階段をトントンと上がると左が売店で、お茶やお菓子、手焙《てあぶ》りを置いてましてね。仲入《なかい》り（休憩時間）になると、たっつけ（カルサンともいう。袴《はかま》の一種）腹掛けのおじいさんが土瓶とお茶碗をのせた盤台を肩に担いで、「お茶はようがすか」ってお客様に声をかけながら売り歩くんです。二階の客席は畳席で両端に枡席《ますせき》があり、二束《そく》は収容できたと思います。束というのは百人を表わす楽屋符牒《ふちょう》で、二束は二百人のことです。

正面の高座には、当時はもう燭台《しょくだい》ではなくガス灯が置いてありました。

その高座の右側に階段がついていて、上がると三階席、というより、ぐるっと三方を囲む形の桟敷席《さじきせき》になっていました。ここには一束入ったと思います。

天井にはシャンデリアが輝き、二階席の通りに面したほうには、少し張り出した形の喫煙所があり、そこの窓にはステンドグラスがはまっていてきれいでしたね。

その頃の寄席としては、かなりモダンで豪華だったと思います。

この鈴本亭の右隣は旅館山城屋で、その間に楽屋に通じる細い通路があり、奥に鈴木一家の住まいがあった。祖父・龍助《りゅうすけ》、祖母・きん、両親、そして長女・貞子《ていこ》、次女・悦子《えつこ》、三女・英子の三世代が同居し、その他に住み込みの女中さん、お茶子《ちゃこ》さん（寄席で休憩時間に茶菓子を売る人）、男衆《おとこし》が寄席のほうに寝泊まりしていた。この大所帯の大黒柱が孝一郎であったが、もともと鈴木家の人ではない。

孝一郎は旧姓・今井で、群馬県館林《たてばやし》の出身、明治二十六年、十三歳のとき鈴木家の養子となっている。先祖は館林藩秋元六万石の家臣で、昭和十二年発刊の『旧館林藩士族禄高職氏名調《しらべ》』によると、孝一郎の祖父・今井荘蔵《そうぞう》は元高十二人扶持《ぶち》、割合二十一石六斗、職名は独礼席《どくれいせき》となっている。館林藩では上級武士であった。

廃藩置県が行われた明治四年に、藩主・秋元礼朝《ひろとも》の養子となった興朝《おきとも》は、その後、明治十七年に子爵となり駿河台下の屋敷に住んでいたが、孝一郎の父・貞平《さだへい》は大正時代に至るまでこの屋敷内で暮らしていた。貞平がそこでどんな仕事をしていたのか不明だが（貞子さんの記憶では、会計のような仕事だったらしい）、この屋敷については、おかみさんにもかすかながら思い出がある。

「正月に遊びに行ったことがありますが、鴨居に槍とか刺股《さすまた》のようなものが掛かっていましてね。江戸の昔に戻ったような懐かしい感じがしたのを覚えています」

孝一郎はこの貞平の長男だった。

――鈴木家というのは、どういうわけか男に縁の薄い家系でしてね。母には兄と妹がいましたが、二人とも早くに亡くなったため父が養子として入ったんです。で、その父と母の間に生まれたのが私たち三姉妹でしたから、のちに一番上の姉が養子をとることになりますが、その人もこれから鈴本を継ぐというときに亡くなっているんです。幸い、姉の子供（鈴木肇《はじめ》氏）と孫（寧《やすし》氏）が後を継いでくれたからよかったようなもので、もしそうでなかったらやはりご先祖に対して申しわけないような気持ちになったでしょうね。

父が養子に入ったのは、おばあちゃんが今井の出で、父にとって叔母に当たっていたことによります。つまり父と母とは〝鴨の味〟のいとこ同士なんです。ですから顔立ち

祖父・龍助と祖母・きん

も似ている。私なんか父と母の両方に似ているとよく言われますよ。

この父が養子になったことは、鈴木家にとって幸運でした。鈴本を四ツ谷の喜《き》よしなどと並ぶ東京でも有数の寄席にしたのは、父の功績だからです。父の弟二人は高等教育を受けているのに、父は寺子屋しか行っていない。それだけに鈴木に来てから勉強したんだと思いますよ。すっ堅気《かたぎ》で入って、よく商売に打ち込んでくれた。鈴本を大きくしてくれたものだと思うんです。私たちがこうして生活できるのも父のおかげですからね。

ただ、私が子供の頃の父は始終

外出してましたから、あまり思い出がないですね。月に三回は顔づけといって、各寄席に出演者を割り振るための寄り合いがありましたし、芸人さんとのおつきあいもあって、忙しかったんだと思います。たまに家にいても物も言わないし、笑う顔を見たことがないんです。〝日に片頬〟なんて言いますよね。昔の侍は一日に一回、ちょっと片方の頬をゆるめるくらいでそれ以上は笑ってはいけないとされていたそうですが、そんな武士の作法を幼い頃に教えられたのかもしれませんね。

のちに、私が本牧亭をやるようになってから、父が珍しく笑ったんで、

「あっ、父さんが笑った」と言うと、

「あたしだって、笑うよ」と苦笑いしていました。

反対に母は根っからの町家《まちや》の娘でしたね。派手というか、賑やかというか、明るくて。なんとかの講《こう》の旅行だといっては出かけたり……。食いしん坊の上にお酒が好きで、このわたとか、塩辛を肴にしてはよく飲んでましたが、そうした折りにいろんな話をしてくれました。

母が長女を生んだのが十七歳のとき。「まだ遊び盛りの子供だろう。身重《みおも》なのに竹馬に乗ってさ。叱られちゃった」なんて思い出話から、処世訓めいた話までするんです。

「人が誰かの噂をしていても、うっちゃっとくんだよ。自分に関係のあることでも決し

て噂を信じてはいけないよ」

といった話をよくしてくれましたね。

お歯黒の入れ歯をしていたので〝黒い歯のおばあちゃん〟と言われていた祖母も、それとなくいろんなことを教えてくれました。

父・孝一郎

母・亀久

　おじいちゃんは大正十四年に亡くなりましたが、私が物心ついた頃にはもう隠居していましてね。鶯谷《うぐいすだに》に隠居所がありましたが、鈴本の裏の家でも暮らしていましたから、よく可愛がってもらいました。朝から飲んでて、柳川鍋なんかとると、

「英子、これ半分やるよ」

って、おすそわけしてくれるんです。

　ところが、大酒飲みの上に始終怒ってるような人でしたから、飲みはじめると誰もそばに寄りつかない。おばあちゃんだけが相手です。このおばあちゃんがよくできた人で、おじいちゃ

んは何か気に入らないことがあると、箱膳を庭に放り投げる。その散らばったものを黙って拾うんです。このおじいちゃんのもとに、どうしてあんな物静かなおばあちゃんが嫁いできたのか、今もって不思議なくらいなんですね。今の女性にはとても真似できないですよね。士族の出だから、きっと『女大学《おんなだいがく》』〔江戸中期以降に普及した女子のための教訓書〕でも読んで育ったんでしょうね。

その品のいい、おとなしい、怒らないおばあちゃんを、押し倒したことがあるんです。そのとき母にはこっぴどく叱られましたが、おばあちゃんは、

「英ちゃん、怒るというのは感情が昂《たかぶ》った状態なんだから、正しい判断ができないんだよ。だから、怒りがこみあげてきても怒っちゃいけないよ。一度よく考えてから、怒るべきだと思ったら怒りなさい」

と私にいつも言っていたように、怒りませんでした。

このおばあちゃんと母から教わったことが、後年、本牧亭をやるようになってから役に立ちました。

本牧亭で働いていた二人の女性はこう言っている。

「おかみさんはね、誰かが悪口を言っているという話を聞いても、当人の口からじかに聞

かないかぎり信用しないんです」（岡田すゑさん）

「ここは言うべきというときはピシッと言いましたが、ふだんは怒った顔を見たことがないですね」（岩崎静子さん）

——二人の姉については、こんなにも性格が違うのはおかしなもんだなと思いますね。八つ上の貞子は几帳面でしてね。小さい頃から親の手がいらないんです。たとえば、自分で時間割をこしらえて行動する。朝起きて、歯を磨いて、食事をして、トイレに入る時間まで決めてあるんです。そんなふうでしたから、私たちが和裁を習っているときに、よく母が「貞子はあと一針で縫い終わるというのに、時間がきたからってやめちゃうんだから」と、こぼしていたくらいです。

二つ上の悦子は、喜怒哀楽を表に出さない、無口で、無欲な姉でした。

「悦子は何か買ってやろうと言っても、なんにもいらないって言うんだから、張り合いがないよ」

と母が言ってました。ただし、これが欲しいと思うと、

「父さん、あの狐を描いた軸、私にちょうだい」

って言うんです。手先が器用で、ベレー帽を編んだり、人形の着物を縫ったりしていま

したが、やるとなると徹夜でやるかわりに、やらないとなるとなんにもやらない。芯が強く物に動じない性格で、関東大震災のときにひとり平然としていたのもこの姉です。この姉が男だったら本当によかったのにと思いますね。

それでいて、私のことではずいぶん親身になってくれました。のちに私が家族の反対を押し切って結婚したときも、両親には内緒でそっとおこづかいをくれたりするんです。だからこの姉が昭和三十四年に亡くなったときは、本当にがっかりしたものです。

一番ぞろっぺでだらしないのが、私でした。朝は起こされなきゃ起きない。遅刻はする。かと思うと、遊びたい一心からえらい早く学校に行く。校庭で遊んでいて、さあ授業が始まるというので机について初めてカバンを忘れたのを思い出し、すっとんで家に取りに帰る。その上、末っ子で可愛がられたせいか、甘えん坊で泣き虫で。母が旅行でもしようものならメソメソ泣いてばかりいて。両親にはずいぶん世話を焼かせましたね。その一等わがままで出来の悪かった私が、幸か不幸か、世間であれこれ取り沙汰されている。世の中、ほんとに出鱈目《でたらめ》だなぁと思いますよ。

おかみさんはいかに甘えん坊だったかの一例として、「女学校に通うようになってもまだ両親と川の字になって寝ていた」という事実をあげるが、それほどおかみさんは両親が好きだった。いや、それ以上に、「私は高いところを望んでもしょうがないから、まず両親に近づこうと思ってきました」と、目標であったことを明かす。

今でも東京の下町、たとえば三ノ輪《みのわ》あたりの商家で話をしていると、ひょいと、〝粋《いき》で公道《こうとう》でお人柄〟という言葉が出てくる。公道とは人の道にかなった生き方という意味であるが、これは東京の下町の人が描く好ましい人物像なのである。おかみさんが孝一郎と亀久に見たものもそうした人間であり、のちにおかみさん自身がそうした人物として周囲の人から慕われるようになっていく。

鈴木家の姉妹。左から英子、次姉悦子、一人おいて長姉貞子

――従業員も家族同然でした。台所が広くて食事はみんな一緒でしたから、自然とそんな雰囲気になったんだと思います。その従業員のなかで最も長く鈴本にいたのが、留《とめ》さんとおなおさんです。戦前

の鈴本を知っている方なら、みなさんこの二人はご存じですよ。

戦後の本牧亭では下足番の勝《かっ》ちゃん（中村勝太郎）が名物男でしたが、鈴本では留さんでした。鈴本に入ったのが私が生まれた年といいますから、ずいぶん古いんです。一度やめて板前になって、戻ってきて、お茶子さんと一緒になり定年までいた人なんですが、定年後も毎日、鈴本に顔を出すんです。「一日に一度は見ないと落ち着かなくてね」と言いましてね。

おなおさんはお膝送《ひざおく》りの名人として有名でした。お客様とお客様の間に片足が入ると、チャッとお客様を一人割り込ませるんです。あまりに鮮やかなんで、お客様も文句を言う間がないってくらいなものでした。このおなおさんには幼稚園の送り迎えなんかもしてもらいましたね。

その他いろんな人がいましたが、みんな昔気質《かたぎ》で、待遇の善し悪しじゃないんです。自分の店と思って尽くしてくれるんです。今でも姉（貞子さん）を中心に私も入れてもらって、昔、鈴本で働いていた人が一年に一回集まります。その席でよく「おばあちゃんはいつもにこやかで、怒った顔を見たことがないわね」といった話になります。みなさん、おばあちゃんや母を懐かしがってくれる。だから本当にいい環境に育ったんだなぁと思いますね。

本牧亭の由来

ところで鈴木家の先祖だが、系図によると鈴木家の初代は仙之助と言い、下総《しもうさ》（千葉県北部）の出身、二代目仙之助は加賀の国（石川県）の人で夫婦養子、そして三代目の龍助（のち仙之助）が軍談席・本牧亭を始めたことになっている。軍談席とは講釈場《こうしゃくば》のことである。

これでもわかるとおり、鈴本亭はのちの呼称であり、戦後創建の本牧亭は創業時の名前を復活させたものなのである。ここで本牧亭の由来について触れておこう。

本牧亭の誕生は安政四年（一八五七）四月で、場所は現在（一九九一年）のネギシカメラのある所となっている。しかし、この誕生年月については曖昧な点が多い。長女の貞子さんは、

「曽祖父が本牧亭をつくるとき、おばに当たる人がお金を出したんだそうですが、過去帳を見ますと、そのおばは安政六年に亡くなっている。ということは、創業はそれ以前、しかもいろいろな言い伝えを総合すると安政四年頃ではないか、と。あくまでも推定なんです」

と言うのだが、孝一郎は東京新聞夕刊に昭和三十二年九月二日より十月二日まで連載さ

れた『寄席主人覚え書』の中で次のように言っている。

「水野越前守の例の天保の改革に、風俗矯正のため堺町、葺屋《ふきや》町の芝居小屋が浅草に移された時、いっしょに寄席もお取潰《とりつぶ》しになりまして、それまで江戸には三十何軒からの寄席がありましたが、それがたった八軒に減らされてしまいましたんだそうで、その八軒の中の一軒に加えられたんですから、まあ寄席としては格式のあったものなんでございましょう」

天保の改革が始まったのが一八四一年から。それ以前に本牧亭（とは言ってはいないが、少なくとも寄席として）は存在したというのである。

同様に、本牧亭の命名の由来も諸説ふんぷん、どれも推測の域を出ない。孝一郎は同『覚え書』の中でこう語っている。

「若い頃じいさまに、寄席なら寄席らしい名前がいろいろあるでしょうに、どうして本牧亭なんてまるで横浜のチャブ屋みたいな名をつけたんですって聞いたら、その昔、あの辺は不忍池《しのばずのいけ》を海に見立ててちょうど小型の横浜のような地形をしていて、今の上野駅の前あたりのところに〝金沢〟という有名な菓子屋があったそうです。

寄席をこしらえて何という名にしようかと思ってるとき、この金沢の看板が目について、そうだ、地形が横浜に似ていて、金沢の向かいだから本牧にしようと、本牧亭としたというんだからシャレた話じゃありませんか」

戦前からこれが定説になっているのだが……どうも違うらしい。

――その話は父から聞いていたんですが、すっかり忘れてましてね。私が本牧亭をやってるときに、一龍斎貞丈《いちりゅうさいていじょう》〔五代目〕さんと長谷川伸《しん》先生を訪ねたところ、

「本牧亭の由来、あんた知ってる？」

と言われましてね。いえ、知らないんですよ、と答えたんです。そしたら、

「しょうがないな。嘉永六年（一八五三）六月三日にペリーが浦賀に来たとき、本牧という地名が江戸まで轟《とどろ》いてね。それでつけたんですよ。初めの人はなかなか洒落《しゃれ》っ気があったんですよ」

と、まことしやかにおっしゃるんで、すっかり信じちゃって……。

ところが、鈴木家の系図によると、初代仙之助は下総から江戸に出てきて、上野北大門町に住み、なんでもトビの頭《かしら》として武家屋敷の御用を務めるかたわら、家の一階で小料理屋、二階で貸し席を営んでいたらしいんです。その店の屋号が本牧屋というんですよね。これを講釈場をつくるときに三代目にあたる曽祖父が流用した、どうもこれが真相のような気がします。父や長谷川伸先生のおっしゃっていることはこの本牧屋につい

ての由来であり、いずれも幾分かずつ本当なんでしょうが、私の先祖にそんな頭があったんでしょうかね。

本牧亭が開場したとされる安政年間の江戸市中には、講釈場が二百二十軒、寄席が百七十二軒あったと言われる（関根黙庵著『講談落語今昔譚《こんじゃくたん》』）。この講釈場や寄席に通うのは町人や職人だった。とくに安政年間には人足や職人が町にあふれていた。ペリーの来航に危機感を抱いた幕府が品川沖にお台場《だいば》を構築しはじめるが、その作業要員として地方から大勢の人足が駆り出されたためである。また、安政二年の大地震で多くの大工や左官が江戸に集まった。こうした人々にとって講談や落語は安直な娯楽だった。加えて上野広小路は、両国広小路と並び称せられる繁華な巷《ちまた》だった。その広小路に面していた本牧亭が大いに繁盛したであろうことは容易に想像できる。

その後、幕府瓦壊《がかい》、明治維新と続く混乱の中で、江戸の町は人口が半減、寄席の多くが廃業に追い込まれたが、本牧亭は生き延びる。この時代の変わり目に龍助がどう身を処したかを示す記述が、三遊亭円生《えんしょう》〔六代目〕の『寄席切絵図』の中にある。その部分を引いてみよう。

「これも聞いた話ですが、ご一新《いっしん》のときに、上野の山へ彰義隊《しょうぎたい》が立てこもって、いよいよ官軍といくさがはじまろうってえことになった。そうすると、あの広小路のあたりは大変で……ここィらへは弾丸《たま》もとんでくるだろうし、所詮《しょせん》、家は助かりっこない、まごまごすれば命がなくなるってんで、みんな逃げ出した。家やなんか、焼けてしまえば百文のねうちもないから、売ろうったって、買い手がつかない……ってえときに、鈴本が買ったんですねェ、一か八かで……もちろん捨て値、ただみたいな値段で買った。そのかわり、ぽうッときてしまえば、もうそれっきり、なんにも残らないわけなんで……。

ところが、いい塩梅《あんばい》に、あのへんは焼き払われずにすんだ。これァやはり、男は度胸ってえやつで、そのために、あのへんの地所や家作が、ずいぶん鈴本のものになって、たいへんもうけたんだってえことを聞きました」

出所が明らかにされていないので話の真偽のほどはわからないが、こういう噂があったところから察するに、龍助は相当に目端《めはし》の利く人物だったようだ。

その本牧亭が明治九年廃席となり、通りの反対側、亀井堂の隣に移って色物《いろもの》席・鈴本亭となる。そのいきさつがなかなか面白い。孝一郎は前出の『寄席主人覚え書』の中で「隣の畳屋と喧嘩して」と前置きして、こう言う。

「井上という畳屋で、つい最近まで何代目かの子孫がやっぱり畳職人で住んでいましたが、この畳屋さんの先祖が日蓮宗に凝《こ》って、毎日夕方になると講中が集まってうちわダイコでドンツクドンドンツクツクです。ただいまなら防音装置なんて手もあるかもしれませんが、明治初年のことでそんなものありません。隣でタイコをたたかれたんじゃ寄席はカタなしです。そこでじいさま（祖父）が隣へ行って、まことにお祖師様《そつさま》には申し訳ないことですが、どうか夜分のうちわダイコは止めていただきたいもんで、今のように昼席なんてもののない時代ですから、その代わり昼間でしたら、うちわダイコはおろか大ダイコをたたいても結構ですが、と申し入れると、畳屋のあるじが、そうお前さんの方の都合のいいようにはいかないね、昼間仕事を休んでタイコをたたいていたらアゴが干上がってしまう、とポンと断られると売り言葉に買い言葉で、じいさまも気の強い方だったし、それに信心の事だからたってやめろとも言えず、えぇ、頼まねぇや、そっちで止めねぇんならこっちから立ち退《の》いてやらぁと、あっさり本牧亭をやめちまって、往来をへだてた斜め向かい側に寄席をこしらえて、姓の鈴木の鈴に、本牧亭の本をとって鈴本亭として開席したのだそうです」

龍助の面目躍如といったところだが、こうした思いきりのよさはおかみさんの中にもある。鈴木家の血筋なのだろうか。

——このひいおじいさんは、私が生まれるひと月ほど前に亡くなっているので、直接には知らないんですが、肖像画ではこれが鈴木の先祖かと思うような、面長で鼻筋の通ったきれいなおじいさんでしてね。「代が下がるにつれてどうして造作が悪くなっていったのかしらね」と、よく笑ったものです。ただ、顔とは裏腹に〝ガチャ〟というあだなのあったくらい、うるさいおじいさんだったらしいです。母の話によると、酒癖が悪く、喧嘩早くて、間違いを起こすというので、鈴本になってから間もなくおじいちゃんに後を譲り、自分は遠州流のお花とお茶の師匠におさまったそうです。こないだまであった本牧亭の場所に蔵つきの家があり、〝お蔵のおじいちゃん〟と呼ばれていたそうで、貞子の話では最晩年にもよく鈴本に出向いていたとのことです。ひいおばあちゃんは昭和八年まで生きていましたので、私も知っています。曽祖父の四番目の妻で幾世《きよ》といいましたが、やはりほっそりしたきれいなおばあちゃんで、八十幾つになってもまだお化粧をしていましたね。

ついでに言えば、このひいおじいさんの兄にあたる人が、慶応年間に人形町末広を創業したんだそうです。その話をしてくださったのは末広の席亭だった石原幸吉《こうきち》さんで、「だからあなたと私とは親戚なんですよ」とおっしゃってました。

このひいおじいさんの後を継いだおじいちゃんも始終酔っぱらっているような人でしたから、あまり長くは席亭を務めなかったようで、一時期、今の亀井堂の角を曲がった右側で、おばあちゃんと二人で「本牧屋」という名の下駄屋をやっていました。

このため、父が若い頃から鈴木を担うことになったわけで、それだけに人に言えない苦労をずいぶんしたと思いますね。

広小路界隈

その孝一郎の方針で鈴木一家の暮らしぶりは質素だったが、反面、留守がちの父親に代わって家の中を仕切っていた母親の影響で、雰囲気は明るく開放的だったようだ。たとえば、下町の娘が芸事を習うのはごく普通のことだったが、孝一郎は芸事をやると寄席に出ている芸人の芸を批評するようになるからいけないと言っていた。ところが、貞子は琴と三味線、悦子は歌沢《うたざわ》〔端歌の一種〕を習っている。おかみさんが何もやらなかったのは父親の言いつけに従ってのことではない。「ピアノを習いたいという希望を聞き入れてもらえなかったので、ヘソを曲げて何もしなかっただけ」と笑う。

こうした家庭環境の中で、おかみさんはのびのびと育った。大正という時代もまたよかったようだ。

すね。

――私が小学校に入った頃は第一次世界大戦の最中で、その後日本は何もしないで戦勝国となり、国際的地位が高まった、そういう時代なんです。昭和に入ると暗い時代が続くせいか、私の少女時代は、今から振り返ると何かとても明るかったような気がしますね。

文化住宅とかアパートといった言葉や、職業婦人なんて言葉が生まれたのも、確か大正時代でしょう。バスの車掌、タイピスト、映画女優といった職業が若い女の子の憧れの的でしたね。そういう新しい時代の息吹の反面、身辺には江戸時代を偲《しの》ばせるものがたくさん残っていました。たとえば絵双紙屋《えぞうし》があったり、かわたれ時（薄暗い頃）になると新内流し《しんない》（二人一組で三味線を弾き合わせ街頭を歩く芸）を見かけたり、仲町通りの南側一帯は下谷の花柳界でしたから、歩いているとどこからともなく爪弾《つまび》きの音が聞こえてきたりする。褄《つま》をとりながら芸妓やお酌が行き来するのも見られた。

お店にしても、広小路の通りには松坂屋や勧工場《かんこうば》（百貨店の前身）の博品館、都座や大正館といった映画館、料理屋の鳥鍋支店などが並んでいましたが、一歩池《いけ》の端《はた》の仲町通りに入ると、薬の守田宝丹《ほうたん》とかそばの蓮玉庵《れんぎょくあん》など江戸時代創業の店が軒《のき》を連ねている。だから歩いていても楽しかったですね。

遊び場にもこと欠きませんでした。当時の寄席はたいてい夜席だけでしたから、放課後、同級生とよく鈴本で遊びました。高座から飛び降りたり、柱を伝って三階の桟敷席によじ登ったり。それに寄席をのぞくことは禁じられていましたが、こっそり見てました。小学生の子供には落語のオチがわからないから、かえって講談のほうが面白かったですね。鈴本は色物席でしたから落語が主でしたが、一興行に一高座は講談がかかったんです。

名人といわれた錦城斎典山《きんじょうさいてんざん》は寄席にあまり出なかったので聴いてませんが、八丁荒《はっちょうあ》らしとうたわれた三代目の神田伯山をはじめ、政治家でもあった伊藤痴遊《ちゆう》、世話物の第一人者と言われた神田伯龍《はくりゅう》〔五代目〕、一心亭辰男《いっしんていたつお》という浪花節語りから講談師になった服部伸《しん》、その他大島伯鶴《はっかく》〔二代目〕、一龍斎貞丈〔四代目〕、一龍斎貞山《ていざん》〔六代目〕、小金井蘆洲《ろしゅう》〔三代目〕、大谷内越山《おおやうちえつざん》といった人たちを聴きました。伯山さんは口調もいいし、いかにも江戸ッ子らしく威勢がよくて、十八番の「清水次郎長」をやるときなんか次郎長になりきっていましたね。たいへんな人気で、伯山の看板が上がると周りの寄席がガラガラになるところから、〝八丁荒らし〟と言われたんです。私は越山さんが好きでした。「レ・ミゼラブル」とか「巌窟王《がんくつおう》」とかなんとなく気味が悪いんですが、面白いんです。新内の岡本文弥《ぶんや》さんも後を追っかけて聴くくらい好きだったそうですね。

その他、奇術の李彩《りさい》〔吉慶堂李彩〕さんも面白かったですね。高座でトンボ返りをうつと、いつの間にか水の入った大きな丼鉢を手に抱えているんです。なんべん見てもトリックがわからず、不思議でしたね。それから、先代の小南《こなん》〔初代桂小南〕さん。まだ電気の珍しい頃のことですが、一席落語をやった後で電気踊りをやるんです。体中に豆電球をつけ、「奴凧《やっこだこ》」とか「勢獅子《きおいじし》」とかを踊って、決まったところでパーッといっせいに豆電球が灯《とも》るという趣向なんですが、これがえらい人気を呼びましてね。とりわけ、高座の後ろの板戸に背を止め、それがクルクルクルクル回る「奴凧」の宙乗りになると、ヤンヤヤンヤの大喝采でしたよ。ある噺家《はなしか》さんがそれを真似して感電した、なんてこともありました。

もちろん、上野の山や不忍池も格好の遊び場でした。雪が降ると上野の山で雪合戦をする。桜が咲くと花見に行く。七月、不忍池に蓮の花が咲く頃には朝早く出かけましてね、花が開くときのポコッという音に耳を澄ましたりする。今はありませんが、大正の頃、弁天堂と本郷方面を結ぶ観月橋というコンクリートの橋があって、そこからの眺めがなかなか風情があっていいので、そこへもよく行きました。それにしても、戦前までの日本人は何かめでたいことがあったりすると仮装行列をやったもので……毎年花見時分になると、鈴本で働いていた女中さんが腰元に扮《ふん》したり、先代の神田山陽《さんよう》〔初代〕さんがサンドイッチマンの格好で繰り出していく姿が、今でもまぶたの底に残っています。

この思い出深い広小路の町と鈴本亭が一瞬にして焼失することになる。おかみさんが東京府立第一高等女学校（現・都立白鷗高校）に入った大正十二年の、九月一日のことである。

第二章　娘時代の私

関東大震災

——その日は二学期の始業式が行われただけで授業はなく、十一時頃には家に戻っていました。朝のうち激しい雨が降りましたが、じきにやみ、お昼前には入道雲がわいて暑くなりはじめていたような気がします。

私はおじいちゃん、おばあちゃんと一緒にお昼ごはんを食べていました。

そしたら突然、ぐらぐらと揺れて、開け放っていた窓から白い粉がバーッと入ってきて……。隣の家の蔵の漆喰《しっくい》壁が剝《は》がれ落ちたんです。びっくりして立ち上がったけれど、とても歩けない。そのとき姉の悦子は隣の部屋で本を読んでいましたが、平然としているんです。長女の貞子は二階にいましたが、階段が揺れて降りられない、というんで女中さんが騒ぐ。そして、ちょっと間があってまた地震。これは縦揺れで、凄い揺れなんです。私は気が小さいので表に飛び出しました。ところが瓦ひとつ落ちてない。あとでわかったことですが、部屋の中も何ひとつ落ちなかったんです。武蔵野台地に続く固い地盤のおかげでしょうね。亀井堂さんもなんともありませんでした。

そのうちに、幅四十メートルの広小路が身動きできないほど避難民でいっぱいになりましてね。浅草方面と神田方面から上野の山をめざしてやってきた人々が交差して渦を巻いてるようなんです。家ではさっそく炊き出しをして逃げてくる人に配りましたが、私はショックでそのおにぎりが食べられないいんです。

まもなくして、神田のニコライ堂下に住んでいらっしゃった秋元の殿様一行が逃げてこられたので、土足のまま鈴本の客席に上がってもらいました。そこで一晩過ごされたそうです。

私はたぶん、母に言われてだと思うんですが、その日のうちに、根津の坂を通って西《にし》片《かた》町にあった姉妹寄席の駒込鈴本に避難しました。そのとき、小銭の入った小さなバスケットとひいおじいさんの肖像画を抱えていたことを覚えています。そこからさらに、おじいちゃんとおばあちゃんの隠居所のある鶯谷に逃げました。

　翌日になってこの地震による被害のすさまじさが耳に入ってきましたが、広小路も西片町も大丈夫でしたから、そうだろうなという、ちょっと他人事みたいに感じたことを覚えています。ところが、二日の夜、松坂屋の前の油屋から火が出て、広小路はひとなめになったんです。どうして突然火が出たのか、疑心暗鬼からさまざまな噂が飛びかいました。ひいおじいさんのお蔵の家も三日に焼け落ちました。

　このとき貞子さんは臨月間近い体だったが、避難民で大混雑の上野の山を抜けて鶯谷へ落ちていったという。二人の会話。

「大きなおなかでよく行けたと思うわ」

「初産だから、そう大きくならなかったんじゃない」

「不思議なのはものすごい人だったでしょ。あのときは五十万人もの人が上野の山に避難したというけど、どうやって通り抜けたのかしらね。それと東京だけで七万人から死んでいるのに、死人を一人も見なかったことね」

「私も見なかったわよ。浅草とか本所、深川、神田といった方面がひどかったのよね。私たちの学校でも十三人の生徒が亡くなったけど、ほとんどが本所横網町の被服廠跡《ひふくしょうあと》で被害にあってるのよ。ここだけで四万人も亡くなったのよね」

「それで鶯谷に着いたら、母さんとおじいさんがごはんを食べてたわね」

「えっ、それじゃ私、誰と食事してたのかな。確かにおじいちゃんとおばあちゃんと一緒だったんだけどな」

「そんなことないわよ」

　七十年近い昔の話ともなると食い違いが出てくるのは当然だが、そのことよりも怖かった思い出を語る二人のやりとりに女学生同士が話し合っているような調子があって、それがなんともおかしい。貞子さんは続けてこう言う。

「鶯谷の家は省線（山手線）の線路ぞいにあったので、その線路の上に座りこんで二日間くらい過ごしましたね。断続的ですけど揺れが続いていましたので。そのとき、おじいさんが胃ケイレンをおこして、近所の医院は薬びんが棚から落ちて手当のしようがないというので、本郷のほうの医者に来てもらって注射をうってもらいましてね。怖かったのは、朝鮮人が鶯谷に潜入したという噂が飛び、抜刀した男たちが一軒一軒家の中を調べたり、血走った眼をして線路を駆けて行ったことです」

　地震そのものより、パニックに陥ったときの人間のほうがよほど怖いというのである。

この震災で東京中の寄席が壊滅的な打撃を受けたのは言うまでもない。このとき孝一郎は、維新の激動期をくぐりぬけた祖父のことを思い出したかもしれない。地震騒ぎが一段落するや、孝一郎は機敏に動いた。広小路の通りの向かい側にあった鳥八十《とりやそ》という料理屋の跡地を買い取り、鈴本亭再建に着手する一方、鈴本亭の跡地に映画館（鈴本キネマ）を建てることにしたのである。ちなみに鈴本亭が落成したのは十二月五日で、同月十一日には名人会で開場、市内寄席再興のさきがけをなしている。平屋の畳席で詰めれば五百人は収容できたというから、相当に大きな建物だった。

この二つの建物はその後、昭和二十年三月十日の東京大空襲まで、重苦しい時代相を忘れさせてくれる憩いの場として大衆に親しまれつづけることになる。

結婚するまで

――震災後、小石川植物園に近い丸山新町に家を借りて住むことになりました。三百坪の広い家で、なんでも以前は医者、その前は画家が住んでいたそうで、庭が坂になっていて眺めがいいんです。ただ変わっていましてね、女中部屋の押し入れの中に階段がついていて、屋根裏につながっているんです。後で「よく借りましたね。お化けが出るという噂があったんですよ」と言われましたが、そういえばなんとはなしに寂《さも》しい家でした。ここにはおじいちゃんが亡くなった大正十四年までいましたが、この時期は女学生時代で、私の人生で最も楽しい時代でした。

黒門《くろもん》小学校から東京府立第一高等女学校に入ったのが、大正十二年四月、卒業が昭和三年三月。当時は五年制だったんです。上の姉も第一で、中の姉は池の端にあった忍ケ岡実科女学校でした。第一に進学したのは、家から近い、府立だから月謝が安い、着るものが質素、といった理由から。もっともこれは親の考えで、私自身はスポーツの盛んな学校という点に魅力を感じて入ったんです。陸上競技だけでなくバスケットボール、バレーボール、卓球などでも強豪として全国の女学校にその名を轟かしていましてね。とりわけ大正十四年には、寺尾文《きみ》・正《まさ》の双子の姉妹が百メートル、五十メートル競走で、日本新記録を樹立。さらに、翌十五年には寺尾文が百メートルで十二秒七を出し、これが世界新記録だったことから、たいへんな話題になったものでした。私は卓球と庭球をやりました。とにかく運動が好きだったんです。

当時、着物は木綿で袖の短い元禄とか筒っぽというのが決まりでしたが、変わっていたのは袴です。袴の裾の部分に紐が入っていて、その袴を持ち上げて紐を引っ張るとブルーマーがわりになるというものでした。確か、くくり袴と呼んでいたと思います。これは運動するときにたいへん便利でしたね。

　スポーツの盛んな学校ということの他に、自由な校風だったことも第一高女の特徴でした。当時の校長は市川源三という先生で、「第一高女の市川か、市川の第一高女か」と世間ではやされたものですが、おっしゃることがえらい新しいんです。今考えても、ほんとにいい学校に入ったと思いますね。みなさん、市川校長はよかったとおっしゃいますよ。

東京府立第一高等女学校の卒業式

『白鷗百年史』には、この市川校長が強烈な個性と指導力で生徒に大きな影響を与えたことが記されている。たとえば、同校長の教育方針をひと言で言うと〝全人主義〟であり、それについて自ら次のように書いている。
「私は浅薄な理想家などのように、一定の型を作って男はこうで無ければならない、女はこうで無ければならないと定めて言いたくない。ただ私どもは向上しなければならないのである。進歩しなければならないのである。向上するがためには、いやしくも人間の本質に有するものはことごとくこれを伸ばして行かねばならない。従来の因襲は折々この人性の培育《ばいいく》を妨げようとする。私はそれに反対して因襲の殻から出たいと思う。（中略）我が第一高女の教育方針はこの主義で行きたいと思う。而《しか》して過去に於てこの方針で進んで来たつもりである」

興味深いことは、こうした思想をおかみさんの中に見いだせることである。おかみさんも大正リベラリズムと呼ばれる時代の落とし子だった。女流講談師の神田陽子さんが某新聞で「私達よりおかみさんの発想や感覚のほうが新しいと思うことがよくあるんですよ」とコメントしていたことがあるが、おかみさんに接触した誰もが感じるその新しさとは、右の市川校長の記述に見られる反通念とでもいうべき考え方から来ていると言ってよい。それは後年、本牧亭の席亭として、保守的な体質を持った講談界に次々と新しい提案を行うという形で発揮されることになる。

ついでに記せば、市川校長は反骨、直言の人であったという。ある卒業生がこんなエピソードを書いている。

「満州国が建国され、軍部の指導で、いたるところで狂ったように祝賀の式が催された。

このとき、東京中の中学校、女学校は旗行列をすることが定められました。しかし市川先生は全校生を講堂へ集めて、敢然と言いきられたのです。『満州国は日本の一部ではない。満人《まんじん》が祝うのなら当然だが、何のために日本人が、満人以上に他国の建国を祝ってお祭り騒ぎをする必要があるのか。本校は旗行列には参加しない』と」

こうした反骨、直言の気風も、おかみさんはそっくり受け継いでいる。そのことはその後の人生のさまざまな局面で見ることができる。人格形成の上で、両親と並んでこの市川校長から受けた感化は大きかったと言わざるを得ない。

――こういう学校でしたから、成績さえよければもっとよかったんですけどね。小学校時代は算術が好きで、算術だけは一番でした。そのかわり国語と図画は駄目でした。高女に入ってからもやはり数学が好きで、とくに幾何《きか》はまあまあよかった。といっても、中の姉の夫である三和《みわ》（一雄）、この兄は五中（現・都立小石川高校）の教師をしていましたが、この兄にわからないことを聞きに行くと「おまえは馬鹿だね」とよく言われたものです。ですから、得意だったといっても大したことないんですよね。

それで、卒業後、大学進学か就職かで迷いました。先生には津田塾大受験を勧められましたが、国語の力がないのでやめましてね、桜井塾というところで英文タイプを習ったんです。全くの遊び心で通っていましたが、まあまあ早く打てたのでどこか試験を受けてみたらと言われまして。こともあろうに、外務省を受けたんです。ところが、私がやっていたのは書いたものを見ながら打つことばかり。それが試験では係の人が喋《しゃべ》るのを打っていくんです。ですから、ものの見事に落っこちた。

もう一つは、やはり塾の先生に勧められて、同級生と二人で川崎のレコード会社を受けに行きました。塾の先輩がいるというので行ったんですが、その先輩の態度が横柄《おうへい》なんです。それで嫌になっちゃって、面接を受けただけでよしちゃいました。遊びがてらというか、ふわふわしてたんですよね。別に働かなくちゃならないというわけでもなし。その後、そのとき一緒に受けた同級生と会うと決まって、「あの頃はぜいたくだったわよね」と言って笑うんです。

で、結局、鈴本の売店で働いた。といっても正式にというんじゃないですから、小学校の頃の同級生とか、鈴本にお客様として来ていた美校（現・東京芸大）の学生さんらと喫茶店に行ったりしていました。男友達が多かったから、おそらく近所の人には不良娘と噂されていたと思いますが、母はなんにも言いませんでしたね。前にもお話ししたように人の噂というのが大嫌いでしたから。

それと山登りによく行きました。小学校のOBでつくった会がありましたし、上の姉と中の姉の連れ合いが二人とも山が好きで、連れて行ってもらう機会が多かったんです。学校から行った山も含めると、筑波、赤城、妙義、槍、剣、白馬、燕《つばめ》、みんな頂上をきわめましたよ。黒部も行っています。今から振り返るとよくあんな体力があったと思うし、勇気があったなと思いますね。剣か槍に行ったとき、頂上に登るまではよかったんですが、降りるときに足が下につかなくて怖くなって。同行した人の肩に足をかけて、どうにかこうにか降りたことがありました。また、どこだったかは忘れましたが、カンジキをつけて雪渓を横切っているとき誰かが荷物を落としたんです。それが滑っていくのを見て足がすくんじゃいましたね。ひとつ間違えば命がないのに、親がよく許してくれたと思うんですね。

そんなこんなでけっこう楽しく過ごしていましたからね、結婚なんてあまり考えなかった。一人や二人はいいなと思う人がいましたが、友達づきあいしちゃって結婚相手として考えられないんです。一度だけお見合いもしたことがあるんです。相手は保険会社に勤めている人でしたが、あまりにもつきあってる人たちとタイプが違いすぎていたのでね、断りました。姉二人は結婚したのが早かったし、女学校時代の友達も次々とお嫁入りしていく。のんびり屋の私でも焦りそうなものですが、焦った覚えがない。ついつい婚期が遅れたとしか言いようがありませんね。

この昭和初期は不景気の時代だった。失業者が巷にあふれ、官吏は減俸となり、大学卒業者には就職先がなかった。また、昭和六年の満州事変で軍需産業を中心に景気は回復したものの、農村不況は続き、そうした社会背景から十一年に二・二六事件が起こり、十二年には日中戦争が始まるなど、きな臭い世の中になりつつあった。

こうした世相は、寄席にも影響を与えずにはおかなかった。さっぱりお客が入らないのである。このため孝一郎は、一時は商売替えを考えたこともあるという。「居付きの娘である母が反対しなかったら、鈴本はなくなっていた」とおかみさんは言う。

そんな時期、「愛染かつら」（川口松太郎の長篇小説）が大ヒットし国家総動員法が公布された昭和十三年の春、おかみさんはひとつ毬《まり》の名人、春本助治郎《はるもとすけじろう》（本名・石井喜蔵《きぞう》）と結婚する。おかみさん二十八歳、助治郎四十三歳だった。

春本助治郎のこと

――春本のことは小学生時分から知ってました。鈴本にも出ていたし、ひとつ毬の助治郎で売ってましたから。なんでも初代は叔父にあたり、養子に行ったんだそうで、六

夫・春本助治郎

歳のときから仕込まれただけに芸は見事だったらしいんです。十代で真打ちだったと言います。春本の妹の話では、大正天皇か昭和天皇か忘れましたが、陛下の御前で芸を披露したこともあるそうです。

ひとつ毬というのは太神楽《だいかぐら》の代表的な曲芸の一つで、普通は「えゝ、これよりひとつ毬四十八通りの使い分けをご覧にいれます」という口上《こうじょう》で始まりましてね。後見《こうけん》と滑稽な掛け合いをしながら、また三味線や太鼓などではやしながら、糸でかがった毬をさまざまに扱うんですが、春本は他の人と違って、後見を使わない、鳴り物を使わない、立ってやるのが普通であり、やりいいんですが、座りっきりでやる。そして時折アドリブを入れたりする。江戸前の芸なんです。

ただ、芸は一流でしたが、人間として上品じゃないというか、お客様を呑んじゃうところがあり、思ったことをズバズバ言うところがありましたから、お客様のほうで好き嫌いが激しかった。粋な芸だな、うまいなという人と、憎たらしい、生意気だという人にハッキリ分かれたもんです。池の端に住んでいたある画家の先生なんか、春本が高座に上がると、くるっと後ろ向きになる。春本もそのことを知っていて、

「あの先生は俺が嫌いなんだよ」

と言ってました。


この助治郎の芸については、安藤鶴夫著『寄席紳士録』に詳しく紹介されている。少し長いが引用しよう。

「黙って扇を額の上に立てたりする。それから手拭を出して、四つに折って、きゅうとしごいて、これをまた額に立てたりした。その手拭をまた手にとって、立てる。立つ。また手にとって、それを八つに折って、立てる。立つ。こんなことをいう。

『やわらかいものは立たない、やわらかいもので立つものがある。（間。客席がくすくすっと笑う。笑ったという一瞬、なんともいい間で）――腹だ！』

どッと客席が笑う。

また手拭を折るのだが、今度は八つ折りから十六折るのだから、手拭がまるで丸まッち

くなる。

全然、笑い顔をみせずに、

『八つで立って、十六で立たないというのはどういうわけであるか』

その頃の寄席の客というものはそういう表現を好みもしたし、またそういうおかしみをよく理解したもので、ここでまたどッと笑ったものである。

手拭を十六に折り畳んで、丸まッちくなったやつはむろん立たない。天井を仰ぐような形で、額の上に二、三度、その丸まッちい手拭をのっけるのだが、駄目である。怒って高座に叩きつけるのが、つぎの二本撥《ばち》の毬の曲芸のきッかけになる。

ぽんと一つ高座へ毬をはずませたのを、左右に持った撥で挟んで毬をこねる。まるで毬にモチでもくッついているかのように二本の撥から離れない。毬から撥を離そうという力を入れた表情がまたおかしい。(中略)

もう一本、口で撥をくわえる。くわえ撥という芸である。さんざん毬を自由自在に扱ったあとで、土瓶を空中へほうり上げて、くわえ撥のさきで受け止める。受け止めた土瓶をそろそろ動かしていって、はッという一瞬に下へ落したかと思うと、今度は土瓶の鉉《つる》でぶら下げる。(中略)

土瓶が済むと、前に落語家が使った湯呑なんかも、毬のかわりにくわえ撥で受け止めて、もうなんかないか、といった風な顔をして、高座の火鉢のかげに置いてある唹壺をみつけて、右手で持ってほうり投げることもあったり、いくらなんでもこいつァ止そうやといったような表情をみせて、思いとどまる。それがまたおかしかった。最後は毬を投げて、中腰で、くるッと一度からだを廻して、口へくわえた撥が見事にそれを受け止めて、終る」

——春本と知り合ったのは、私が鈴本の売店にいたためです。自分の出ている映画を見に行かないかとか、おいしいものを食べに行こうって誘われたのが、キッカケでした。そして、つきあっているうちに、なんとなくそういうことになっちゃったんです。で、結婚しようということになったわけですが、さあたいへんです。春本のほうは養父母ですからね、問題はない。ところが、私の家では親族会議が開かれ、両親をはじめ全員が猛反対なんです。反対理由は三つほどありました。一つは、年が離れすぎていること。将来、苦労するのが目に見えていると言うんです。二つめは春本の芸のことです。上の姉の夫である鈴木萬亀雄《まきお》なんか、

「英ちゃん、助治郎は確かに名人だ。しかし、頂上を登りつめた芸人だから、これから下り坂なんだよ。これから伸びる芸人なら反対はしないんだよ」

そう言うんです。三つめは、女道楽の末だから本気で申し込んできたんじゃない、結婚しても道楽が直るもんじゃない、と言うんです。これが一番の理由でした。

私も春本の女性遍歴について、いろんな人から話を聞いていました。ただ、昔は芸人が愛人を持つのは珍しいことではありませんでしたし、ああいうのは一種のビョーキと思っていましたから、別に抵抗は覚えなかったんです。

私がつきあっている時分にも情人がいたんです。当時、主にたれぎだ（女義太夫《ぎだゆう》）をかけている寄席がありましてね。そこの席亭がばくち打ちの親分で、その親分が亡くなったあと、そのおかみさんと春本ができたらしいんです。なんでもそのおかみさんというのが、人にお金を貸してその利息で暮らしているといった身分で、おかげで春本も一時は金まわりがよくなったという話です。

そのおかみさんの所から着のみ着のまま、といっても着られるだけの着物を着て逃げ出してきたから、その後がたいへん。おかみさんは血眼《ちまなこ》になって助治郎を追っかける。私も何をされるかわからないので怖かったですよ。円生さんの『寄席切絵図』によると、そのおかみさんと春本が一緒になったとき、子分だった連中が怒るのをなんとか丸くおさめたのが先代の円生〔五代目〕さんだそうで、その因縁でこのときも円生さんが、

「おまいさんが、いくら追っかけても、当の助治郎が心がわりしちまってるんだから、

おまいさんも、もう諦めたらいいじゃあないか」

と言って諦めさせたという話です。

もう一人、浅草にも女の人がいました。ですから、反対されて当たり前。私が親なら、やはり許さなかったと思います。

そうこうしているうちに、たぶん春本が頼んだのだと思いますが、桂文楽〔八代目〕さんが両親のもとへ来て、

「春本とは十代の頃からつきあってますから、他の人より彼の気持ちはわかると思ってます。確かにこれまでだらしないことを散々してきた。しかし、今度は本気でいる。どうか一緒にさしてやってください」

当時、文楽さんは寄席で名前があったし、その文楽さんが頭を下げてきたんでは、むげに断るわけにはいかない。というので、渋々承知をしたんです。

ですから、姉二人は結婚衣装をつくってもらっていますが、私は何もつくってもらえなかった。留袖もお色直しも中の姉のを借りて、鳥越神社で祝言をあげました。披露宴も姉二人は精養軒、東京會館でしたが、私のときは人様には知らせられないというので、身内だけが集まって近くの中華料理店でやりました。所帯道具も、母が簞笥《たんす》一棹《さお》、小机、鏡台を買ってくれただけでした。

　鳥越神社での結婚式の写真を見せてもらった。画面中央に縦にじゅうたんが敷いてあり、その先に新郎新婦、仲人《なこうど》、親族が横三列に並んだ記念写真である。おかみさんは角隠しで表情がよくわからないが、紋付き袴姿の助治郎は神妙な顔をしている。それを見ながらおかみさんは、

「春本は仕事のときと違って、この日は羽織の紐が白でしょ。その格好があまりにも似合わないんで、不謹慎にも笑っちゃったんですよ」と言い、さらに言葉を継いで、

「この写真、私と姉（貞子さん）しか持ってないんですよ」と言って笑う。

「じゅうたんが敷いてあって、その先に私が座ってるでしょ。ちょうどこれが画面の中央だから、春本がはじき出された形で、私が威張《えば》ってるみたいに見える。で、母がこんな写真みっともなくて人に見せられないと怒っちゃって、焼き増ししなかったんです。普通カメラマンが気がつきそうなものですが、経費を節約して半クロのカメラマンに頼んだんじゃないかと思うんです」

　その写真の助治郎はキリッとした渋い男前だった。で、

「おかみさんの好きな顔立ちだったんですか」

と言うと、

「そうですね、その当時はいい男でしょうね、なんて図々しいこと言って」

そう言いつつ小娘のようにはにかんだ。

——最初に所帯を持ったのは蔵前《くらまえ》で、二階建ての四軒長屋でした。仕事はもっぱら東宝名人会と吉本興業くらいで、父の勘気《かんき》がとけませんから鈴本には出られないんです。それでPCL（現在の東宝）の岡田敬監督の映画に三枚目として出させてもらってました。この岡田監督もたいへんな変わり者で、春本とうまが合ったらしいんです。

そういう状態ですから、新婚旅行なんかできるわけがない。で、春本が三升家小勝《みますやこかつ》さん（先代）〔六代目〕や新内の岡本文弥さんらと名人会の興行で名古屋、大阪に巡業したときについていきました。そのとき、吉本興業の吉本せいさんにお目にかかりましたが、デンとした貫禄のある方で、トリの真打ちが高座から降りると、楽屋にやってきて挨拶されるんです。きちっと黒紋付きを着てね。なるほど寄席のおかみさんというのはこんなものかと思いましたね。その後、春本が亡くなったとき、わざわざお悔やみを言うために上京されたと、春本の養母から聞きました。

この吉本には借金がありましてね。大分お世話になったんです。その借金はせいさんが亡くなってからですが、父がきれいに返してくれました。

一時は仕事がなくて、父が練馬に持っていた映画館の支配人をやっていたこともあります。ある日、鈴本の支配人がそこへ行って帰ってくるなり、

「師匠がテケツの女の子を可愛がってるみたいですよ」

と言うんです。またぞろビョーキが始まったかなと思いましたが、そう気にはならなかった。噂を気に病むのはくだらないとでも思っていたんでしょうね。

こういうふうですから、経済的には豊かではありませんでしたが、春本の性格が内も外もなく派手で賑やかでしたからね、今思うとなんだかふわふわッと過ごしたような感じなんです。もともと太神楽の修業をした人ですから、三味線も弾け、太鼓もたたけ、都々逸《どどいつ》や小唄も唄える。長女の孝子《たかこ》が生まれると子供用の三味線を買ってきて弾き唄いしてましたね。とにかく器用な人で、似顔絵なんかもうまいし、庭いじりもできる、枝《し》折戸《おりど》みたいなものでも自分でこしらえる。かと思うと、チャボを飼ったりする。若い頃は狩猟をしていたので犬を飼っていたと言ってました。ただ、一番の趣味は釣りで、釣り竿はいじらせないんです。よく楽しそうに磨いていましたよ。

そういう反面、常識がないっていうか、岡田監督の映画「おほべらぼう」で共演して友達だった徳川夢声《むせい》さんなんかよく、「春本はいい男なんだが、非常識なところがあるから困る」と言ってました。安藤鶴夫さんの『寄席紳士録』という本の中にこんな場面

が出てくるんです。あるとき、文楽さんと電車に乗っていたら、前の座席に目尻のもうひとつ下の頰骨のあたりまで眉を引いている婦人が座っていたんですって。その頃、眉をものすごく長く描くのがはやりだったそうですが、春本はそれがむかつくほど嫌だったらしいんです。それで、文楽さんが止めるのを振り切ってその婦人の前に立ち、「あなた、その眉、長《なご》がすよ、あたしゃ困るよ、今夜眠れませんよ」と言ったというんです。その婦人は真っ赤になって次の駅で降りたそうです。

こうしたエピソードにはこと欠かない。岡本文弥さんはこう言う。

「彼、実に善人でしたし、芸は堂々たるものなんですが、ただ口が悪かったですね。私が鈴本に出てるときのことですが、先に助治郎が高座に上がってましてね。ある婦人が途中で客席から立って便所に行って戻ってきたんです。そのとき、『ただいま生理中』、そういうことを言うんです。ですから、楽屋に助治郎がいると私が高座に上がった後、何か言いやしないかとビクビクしましてね。どうも落ち着かなくて困りました」

また、岡田敬監督夫人のすゑさんは助治郎がいたずら好きだったと言う。

「あるとき桂文楽さんと二人でお見えになったんですが、真夏の暑い盛りだというのに文楽さんは羽織・袴で汗びっしょりなんです。むろん、春本さんは浴衣《ゆかた》かなにか涼しい格好です。文楽さんが映画に出たがっているのを知った春本さんが『紹介するのはやぶさかじゃないけど、岡田監督てえお人は几帳面な方だから、きちんとしたなりで行かなくちゃいけないよ』と文楽さんに言ったらしいんですね。文楽さんは岡田が几帳面どころかたいへんな変人で〝いがみの権太《ごんた》〟みたいな人間であることをご存じない。それでそんな格好で……春本さんはそういう悪いいたずらをする方でしたね」

――春本とは結局あしかけ五年、一緒に暮らしました。なんだかままごとみたいなものでしたね。間《すけ》が少ないですから、春本のことはよく知らないんですよね。何もかもわかったら喧嘩のもとになるので、かえってよかったと思いますよ。私もボロが出ないで済みましたしね。最後は駒込の霜降橋《しもふりばし》の近くに住みましたが、そこで昭和十六年の十二月に次女の久子《ひさこ》が生まれて間もなく、私が猩紅熱《しょうこうねつ》にかかった。それが長女の孝子にうつって、十七年の二月二十七日に二人とも本郷の病院に入院ということになったんです。そしたらその三日後、今度は春本が感染して東大病院に入院、五日後に亡くなったんです。私は四十日間入院していて、退院の間際まで春本の死を知りませんでした。私が殺したようなものですが、なんでも昔マラリアにかかっていたことがあったそうで、薬が合わなかったんではないか、という話をのちに聞きました。

あんなうるさい人だったから、もし今の世の中に生きていたら気に入らないことばかりで生きづらかったと思うんです。それに、くわえ撥というのは歯が悪くなったらできない芸なんです。毬と撥はいつでもボストンバッグに入れて持ち歩いていたような人ですから、もし芸ができなくなったら生きる張りをなくしたかもしれない。ですから、戦時中に亡くなってかえってよかったかもしれない、そう思わないでもありません。


昭和十七年三月二日、お節句のおもちを届けに行った岡田すゑさんに、

「英子の蒲団で寝たら、熱が出ちゃってね」

と、いつも元気な助治郎が気弱そうに言うので、

「駄目じゃないの、熱ぐらいじゃ死なないわよ。しっかりしなさい」

と励ましたという。

「それから五日して亡くなったんで、驚きましたよ」

徳川夢声の書いたものによると、

「この天気じゃあ、きょうは鮒《ふな》が釣れるな」

というのが最後の言葉だった。

第三章　戦中から戦後にかけて

伊豆に疎開

──春本が亡くなった後も駒込に住んでいましたが、なんとも寂《さも》しいんです。路地の突き当たりで、庭があって、客間も台所も広いし、洒落た四畳半がついている、いい間取りなんですが、なんとなくうすきみ悪くて。賑やかな人がいなくなったので余計でした。それで、ここに住むのは嫌だと言ったんです。そしたらいい幸いに東大の竜岡門《たつおかもん》の近くに地所があったので、父が平屋を建ててくれました。私は鈴本の仕事がありましたから、二人の子供は桐生から出てきた叔母に見てもらうことにしました。ところが、昭和十八年頃になると食料が配給制になったり、まだ空襲は始まっていませんでしたが防空壕が掘られたり、戦時色が濃くなりましてね。たまたま隣が区役所で、朝夕、メガホンで「年寄り、子供は疎開しろ」と叫ぶ。うちはもろに年寄り子供でしょ。いたたまれなくなっちゃいましてね。その話を春本の友人でボクサーからレフリーになった荻《おぎ》野《の》貞《さだ》行《ゆき》という人にしたら、

「伊豆の長浜というところにぼくの母が疎開しているんだが、近々、東京に戻ってくるから、よかったらその後釜《あとがま》にどう？」

と言うんです。じゃあ、お言葉に甘えて、というんで子供二人を連れて疎開することになりました。たぶん十八年だったと思います。そのとき、叔母には田舎に帰るよう言ったんですが、ここで死んでもいいと言って……。結局、この叔母は行方不明になりましてね。戦後さんざん捜したけど消息がつかめませんでした。たぶん、二十年の三月か五月の空襲で亡くなったんだと思います。

長浜は三津《みと》の隣にある小さな村で、景色のいいところでした。最近聞いた話では、ここに三井家の別荘があったそうですが、全く覚えていません。覚えているのは不自由な生活のことだけです。

当座は、野菜が豊富でなんていいところだろうと思いましたよ。東京は配給でしたか

らね。ただし、米はとれないので、主食はコーリャン。子供に慣れさせようとしましたが、どうしても食べないんでほとほと困りました。それに塩がない。村の人は銅壺《どうこ》に海水を入れて、それを煮沸して塩をとっていましたが、私には道具がないので、海水を水で薄めて使っていました。しかし、いくら薄めてもニガ味がとれないから口に入らないんです。かといって塩がないと味付けができなくてね。砂糖もむろんありません。燃料は木の枝。これは人様の山に入ってとるわけにはいかないので、道端に落ちている小枝を拾い集めましてね。松ぼっくりなんかも燃料にしました。

世話になっている農家の人が畑に出ている間に、肥桶に下肥《しもごえ》を汲み取ったり、臼で玄米をついたり、「主婦の友」の付録の裁縫の記事を見ながら下着を縫ったり、なにかしらお手伝いをしてお菓子やおいもを貰って、しのいだものです。

時折、長岡温泉まで買い出しに出かけることもありました。下の久子がまだ小さかったので時にはおんぶして坂道を歩く。一時間はかかるんです。帰りはそれに荷物が加わる。あるとき、十貫目の荷物を背負ったところ腰が上がらないんですよ。それでもなんとか背負って歩き通せたのは、それをしなきゃ生きていけなかったからなんです。

そのうちに栄養不良になって、おなかだけが膨れて。歯が悪くなる。膝も悪くなる。ふき掃除は這いながらやる始末です。ひょう疽《そ》になったが、栄養不良のせいか、つついても膿《うみ》が出ないんです。赤切れになってやっと治りました。

こんな苦労は私だけがしたわけではありません。当時の日本人の誰もが味わったことです。でも私には初めての経験でしたから、自分がいかに、のほほんとお嬢さんで育ってきたかを思い知らされましたね。あのとき、いくらか人並みの苦労をした。あの苦労があったから人のこともわかるようになったんです。私にとっては、これまでの人生の中で一番勉強になったと思います。

疎開中、一度だけ子供を連れて上京しました。そのときは横浜で空襲にあい、怖い思いをしました。新橋で降り、上野まで歩きましたが、そこでまた空襲。両親と地下壕に逃げましたが、母が私をかばってくれた。私も二児の母なのに、いつまでも母にとっては子供なんでしょうね。できれば両親と一緒にいたいと思いましたが、父が「自分たちはここに残るが、みんなは安全なところに逃げてくれ」と言ってきかないので、再び長浜に戻りました。

日本中の町という町が焼き尽くされているときに、長浜には焼夷弾《しょういだん》ひとつ落ちませんでした。一度だけ艦砲射撃をうけ、防空壕に逃げたことを覚えています。隣村の人が一人死にましたが、長浜は被害をうけませんでした。

終戦は長岡温泉へ行く途中、農家の人から聞きました。やれやれ終わった、とホッとしたのを覚えています。

母の死

終戦後、間もなくして上野に戻ってみると、鈴本亭も鈴本キネマも跡形もなくなっていた。わずかに長姉の貞子さんが住んでいた西片町の家と、のちに本牧亭が建つことになる土地にあった蔵だけが戦災を免れていた。孝一郎と亀久はその蔵に寝起きしながら、早くも葦簀《よしずば》張りながら寄席を再開していた。

——東京には身を寄せる場所がなかったので、千葉県の市川に住むことにしました。市川に三百坪ほどの土地があり、そこには植木がたくさんありましてね、父は時々ここへやってきては木を眺めたり、いじったりしていたらしいんです。いい塩梅に掘っ立て小屋があり、そこに畳三枚ぐらい敷けないこともない、というので住むことにしたんです。

ここで、きゅうりやなすをつくっていましたが、大きくなりすぎるほど大きくなるんです。それで、畑にさつまいもの苗を百本入れたんですが、砂地なのに水をやりすぎてこれは失敗しました。広々としてほんとにいいところでしたが、ただ入口から小屋のあるところまでちょっと離れているし、夜は真っ暗でしょ。その上、松の木が多くて、風が吹くと波の打ち寄せるような音がして怖かったですね。当時は人の心が荒《すさ》んであちこちで事件が起き、その噂が始終耳に入ってきていましたから、余計にね。

それでももう戦争がないと思うと嬉しく、さあこれから生きていこうと思っていたら、母が病気になりまして。一向によくならないので心配で心配で……。ただ、救いだったのは建築中だった鈴本が完成したことです。それをお蔵の窓から見ながら「よかったね、鈴本できたのね」と母が呟《つぶや》いたのを昨日のことのように覚えています。それと義兄の三和がビルマから、次いで貞子の長男の肇が南方戦線から帰ってきたことです。それで安心したのか、それから間もない二十一年の八月に母は亡くなりました。六十一歳でした。胆石という持病がありながら長い間お蔵で暮らしたのが体にさわったのではないかと思います。

私は三十六歳にもなるというのに、甘えん坊でしたからね、長い間、毎日メソメソしていました。

第四章　本牧亭再興

講談定席の誕生

――結局、母が死んだので私が本牧亭をやるようになったんです。巡り合わせですね。母が亡くなって父はひとりお蔵の二階に住んでいました。何かと不自由だろうと思ったので、「子連れだけど、身の回りの世話くらいできますから、そちらへ行きましょうか」って言ったら、「そうかい、じゃあ戻ってきてくれ」と。こうして、市川には一年いるかいないかで、広小路に戻ることになったわけです。

翌二十二年にお蔵の脇にブロック建ての二階家をつくってくれまして、私は父の世話のかたわら、鈴本の売店をやりました。煙草とか駄菓子を仕入れて売るんですが、あるとき背負《しょ》い屋さんから大福を買って売店に置いたために、上野警察署から呼び出しがかかりましてね。闇行為というので、だいぶしぼられました。まだ戦時中からの統制経済が続いていたんですが、うっかりしていたんです。私はどうも粗忽《そこつ》なところがあって、その後もいろいろ失敗しました。

そうこうするうちに、父が講談定席をつくると言い出しましてね。もともと講談が好きだったし、戦後、定席がなくなったため口演の機会のない講談師がいて、せっかくの芸が途絶えることを心配したんだと思います。確か昭和二十三年の八月頃に工事が始まり、十一月に開場しました。そのとき鈴本の前身である本牧亭の名を復活させたんです。建物はバラック建てでおそまつでしたが、二間×一間半の高座があり、客席も二十畳くらいあったと思います。当時は興行場としての許可を得られないので、芸人さんの研修場という名目で、つまりもぐりで営業していました。その頃は講談は一週間に一度、近所の人や講談ファンを集めて勉強会をやるといった程度でした。

私は鈴本のお手伝いをしていれば食べていかれたので、自分がやるなどとは夢にも思っていませんでした。ですから、開場してから二年ほど経ったある日、父から「自分でやってごらん」と言われたときは、びっくりしました。それまで無責任に動いていましたので自分には寄席の経営などできないと思いましたが、父がいたし、鈴本の支配人の伊藤光雄《みつお》さんが顔づけ（出演者を決めること）を手伝ってくれるというので、やることにしたんです。父にしてみれば、それで親子三人、自活できる道が開かれれば……と思ったのかもしれませんね。

本牧亭が興行場としての許可を得たのは二十四年十二月で、正式に講談定席として運営されるようになるのは二十五年三月からである。戦時中までは神田須田町の立花亭《たちばなてい》、八丁堀の聞楽亭《ぶんらくてい》、高橋の永花亭《えいかてい》があったが、戦後は一軒もなくなっていた。それだけに講談師にとっては待望の定席の誕生だった。このときのことを、講談界の最長老であり講談協会会長である神田山陽〔二代目〕師は、タウン誌「うえの」の中でこんなふうに書いている。

「講談定席ができると聞いた時『まさか』と思ったのである。というのは、私は戦前、裕福な親父の財産を気ままに使える身分であったので、自分が出ていた講談定席、八丁堀聞楽亭に資本を投じた経験があり、経営のむつかしさもよく知っていたので、今更定席などをつくる酔狂な人はいないと信じていたからである。

ところが噂は本当だった。

上野鈴本演芸場の当時の社長、鈴木孝一郎氏が本牧亭の名称で開業するという。

『本当ですか』と尋ねると『定席がなくては困るでしょう』という答えが返ってきた。

確かに困っていることは事実だが、採算のとれない事業をするのかしらと思っていたら、二十五年暮、突然、在京講談師全員が鈴木氏に招かれた。そこには氏の末娘、石井英子さんと鈴本支配人の伊藤光雄氏が列席していた。

その時、孝一郎氏から、

『講談の定席として本牧亭を本格的に運営いたします。責任者には娘の英子を当らせて宣伝にも力を注ぎますから、皆さんの御協力を願いたい』

との意志表示がなされたのである。

さあ講談師たちは奮い立った。特に戦前、僅か三軒の定席を根城にし、出る場を失っていた長老や、修行場を求めていた若手連中の喜びは一通りではない。

当時、落語協会の末席を汚していた私も、定席ができれば題材もふえる。それに建設者の大旦那（鈴木孝一郎氏の通称）には、戦前から鈴本努力会などに出して頂いた恩恵がある。だから自分の勉強はもとより、英子さんを補佐してなんとか大勢の客を呼びたいと考えた」

――戦後初の定席というので、講談の先生方はみなさんえらい張りきりようでした。

邑井貞吉《むらいていきち》、木偶坊伯鱗《でくのぼうはくりん》といった長老から、一龍斎貞丈〔五代目〕、宝井馬琴《ばきん》〔五代目〕、一龍斎貞山〔七代目〕といった中堅まで名前を知られた方々が、それこそ割り〔歩合制の給金のこと〕の悪い寄席に進んで出てくださった。ただ、最初はどう出演の交渉をしたらよいのかわからなくて苦労しました。講談の先生方はてんから素人のおかみさんという頭があるし……事実、こっちは講談について何の知識もない素人、相手は何十年と講談一筋で生きてきた人。頭が上がらなくてやりにくかったですね。よほど困ったら父が後ろ盾になってくれるから、やれたようなものです。

あるとき、馬琴さんに電話でトリ〔寄席で最後に演ずる真打ちの芸人のこと。主任ともいう〕を頼もうとしたら、

「トリを頼むときは電話で頼むもんじゃない。昔から席亭が家まで来て挨拶をして頼むのがしきたりだよ」

と言われましてね。で、訪ねると、

「予定表を見ておくから、またおいで」

それで二度ないし三度、団子坂の家まで足を運んだものです。

おなかの中では、何もそう形式ばらなくてもいいじゃないかと思いましたが、これも席亭修行と思い直してよく通ったものでした。ところが、馬琴さんより先輩の邑井貞吉

さんなんか電話すると、「ああ、いいよ」という調子。馬琴さんだけが昔流なんですよ。

ここで建物についてちょっと触れておくと——二十三年の開業のときは入口は西側、先頃まであった本牧亭の楽屋口のほうにあった。これが北側、天寿々《てんすず》の並び、武蔵野の向かいに移ったのは「二十四年の夏か秋か、開業から一年経った頃」という。バラック建ての仮小屋から立派な寄席に変わったが、とりわけ木戸口は日本画家の伊藤晴雨の設計になるもので、昔の寄席を偲ばせる風情のあるつくりだった。客席は二階で、初め八畳二間、次いで二十畳となる。ちなみに、その後、二回の全面改築で三十畳、四十畳と広くなる。

東京新聞（昭和二十五年八月十三日）に、当時の本牧亭の雰囲気を伝える記事が載っているので紹介しよう（これは高校教諭で講談研究家である吉沢英明氏の編著『講談昭和編年史・中期』より転載した）。

「上野鈴本の裏手、小料理屋の多い静かな横丁に、ピシャリ、ピシャリと見台（注・釈台の間違い）を打つ張り扇の音が聞こえて来る。東京にただ一軒の講談定席本牧亭だ。席に上がると金屏風を背に高座で伯鱗の古風な軍談が始まっている——ころは元亀三年癸申の年十月十日（注・壬申《みずのえさる》の年十月十四日が正しい）、ピシャリ——しんと静まった客席を見渡

日本画家・伊藤晴雨の設計になる旧本牧亭の木戸口

昭和30年ごろ撮影

すと、ざっと四十人、五十歳以下と思われる人は先づいない、頭のハゲたご隠居や、しゃれたかなり年配の職人さんだ。壁によりかかって眠っている人もあり、ごろりと横になってすっかり寝込んでいる腹掛けの職人さんもいる。どう見ても、現代の世界ではない。

定連《じょうれん》だと言う六十近い人に聞いて見ると『私だって暇じゃありませんよ。無理して来てるんで、昼からは仕事をしない事にしてんでさあ、毎日帰ると遅くまで忙しくって大変ですよ』と言うが、三十年ほとんどかかさず講談の昼席に通い続けている人だそうだ。このお客を前にして、講談師も色物の席とは、よほど気合いが違うらしい。今年の三月に定席を開いたが、大抵三人か四人のお客で、講談師の数がいつも多かったが、次第に定連がふえて、今では四、五十人の入りがある。昔から、道楽をしつくした人が集まる処だと言われる講談の席と雰囲気は、半世紀昔に舞いもどった感じである」

——講談は最初、ほんの少しの間だけ夜席で、二十五年には昼席になっていました。夜は貸し席です。本牧亭の名前が少しずつ知られるようになり、日を追ってお客様が増えていきました。近所のご隠居さんとか、戦前からの講談ファンとか。定員は八十人でしたが、日曜とか雨の日は一束入りました。これは大入りなんです。昔も今も商人にとって雨ほどいまいましいものはありませんが、例外は傘屋と興行場ですね。本牧亭のお客様は、雨が降ると外で仕事ができない職人さんやトビの頭が多かった関係で、よく入りました。

ただ、講談だけではやっていけません。当時の入場料が確か三十円くらい、一束入っても三千円。ここから入場税十パーセントを引いて、それを楽屋（出演の芸人ら）と割る。手元に残るのは千円ちょっとです。これはいいほうでいつもは千円以下です。二十五年頃の下宿代が三食つきで三千五百円くらいですから、いかに少ないかおわかりいただけると思います。

それで、夜席は貸し席にしたんです。最も早い時期に借りてくださったのは、新内の岡本文弥さんでした。お書きになったものによると、本牧亭で初めて新内の会を催されたのは二十三年の十二月二十五日で、その当時は本牧亭で会を催されるときは自宅から持参の炭で寒さをしのぎ、自家製のおむすびを楽屋で食べられたそうです。その後、文弥さんは多いときは月に三回も会を開かれたし、その会のおかげで新内の各流派の方々にも利用していただけるようになりました。

女義《じょぎ》（女義太夫）も二十六年の正月からですから、早かったですね。昔、といっても明治の後半から昭和の初めにかけて、今の本郷西片町で父が駒込鈴本という寄席をやっていたことがありますが、そこによく女義がかかっていました。私がまだ子供時分のことですが、素雪《そせつ》さんというお師匠さんがいて、その方が母に似てましてね。たいへん可愛がってもらったんです。「お白粉《しろい》つけてあげるからおいでよ」と言って、今はもう見かけませんが、兎の手で練りお白粉をつけてもらった懐かしい思い出があるんです。それに、震災後の鈴本の喫煙所に娘義太夫で一世を風靡した竹本綾之助《あやのすけ》の写真が飾ってあった。寄席でも一高座くらいは女義がかかっていたんです。そんなことを思い出して、明治から大正にかけてあれだけ人気のあった女義太夫が、講談同様、芸を聴いてもらう場所もないのは寂しいと思って。毎月一日から四日までの夜席を女義の方々に借りていただくことにしたんです。

このほか、講談、落語の独演会、浪曲、琵琶などに利用された。また、会合や宴会に使われたりもした。畳敷きの寄席は戦災を免れた人形町の末広亭と本牧亭だけであり、いろはにほへとの下足札を受け取り、畳の上で静かに芸を味わうことのできる雰囲気が喜ばれたのである。

――この貸し席ではえらい失敗をしました。本牧亭を始めて間もない頃のことですが、うっかり二人の方に同じ日の貸し席の約束をしてしまったんです。講談のご常連の方に仕事関係の寄り合いに使いたいので貸してくれと言われていたのに、それをチェックしないで京橋のある会社の社長に約束してしまったんです。それで、ご常連の方に謝って、なんとか助けてくださいとお願いしたんですが駄目と言われる。しかたがないので、もう一方の社長にお願いして、別会場を探すということでご了解いただきました。ご常連の方に、

「別の会場を押さえられなかったら、どうするんだ」

と言われて、

「そうなったら責任をとってやめます」

とタンカを切ったのを覚えていますよ。

しかし、運がついていた。すぐ近くに下谷の検番《けんばん》〔芸者と待合・料理屋などとの連絡事務所〕があり、舞台のついた広い座敷があるので当たってみたら、うまくそこが空いていたんです。ただ、当日は二組の準備をしなければならない、その上に別会場のほうにお客様を案内したり、座布団を運んだりしなければならないので、大わらわでした。

どちらも会社の集まりで、顔づけをし、芸人さんに交渉し、一晩のプログラムを組んで、そうして席と一緒に貸すわけです。お客様は飲んだり食べたりしながら芸を聴くという趣向です。

今でもそのときのことを時々思い出しますが、あのとき、もし検番が空いていなかったら……ゾッとしますね。あんなに困ったことはないです。

おかみさんは自慢話や手柄話を一切しない。そのかわり失敗談ならいくらでも話す。そのへんにおかみさんの美意識を見る思いがする。自己顕示欲の強い人間だらけの当世には珍しい人である。

——本牧亭がようやく軌道に乗りはじめた昭和二十七年、父は千葉県の市川に鈴本の支店を出しました。このため、私は昼は本牧亭で働いて、夜は市川鈴本に行きテケツをやったり、仲入りといって休憩時間にお茶や駄菓子を売ったりしました。

場所は今のJR市川駅から千葉街道に出て、右に折れると街道の中央に三本松があり、その少し先を今度は左に折れて京成の市川真間《まま》駅のほうへ向かった左側でした。定員がどのくらいだったか覚えていませんが、けっこう大きな小屋で客席の真ん中にわたり（歩み板）をとったと思います。これはお客様を前のほうに送るのに、また仲入りのときに茶菓子を売り歩くのにも便利でした。

戦後、市川は人口が増えつづけていましたし、物珍しさもあってよく入りました。芸人さんも錚々《そうそう》たるメンバーで、落語では志ん生さん、講談でも第一人者が全員出てくれましたね。国電か京成を使って一緒に行き、はねると軽く一杯やってタクシーで帰るという毎日でしたが、そのうち東京でも芸人さんの仕事が増えてきて、掛け持ちが難しくなり、いいメンバーを出せなくなったのでやめたんです。その後は、田舎回りの大衆演劇の小屋に変わりました。役者のみなさんは全員が小屋に泊まるんです。見ていると、明日はここをこうやろう、なんて話しているうちに芝居が一本できちゃうんです。器用なものですよね。寄席よりこの大衆演劇の期間のほうが長かったと思います。

終戦後の市川はまだ今のように開けていなくて、松の木が多く、雪が降るとまるで芝居の書き割りのようで、詩情がありましたね。寄席を閉じたのは二十九年か三十年頃だったと思います。

女所帯

この本牧亭の草創期を語る際に忘れてならないのは、裏方として働いていた女性たちのことである。井村錦子《きんこ》、岡田すゑさんらがおかみさんの片腕として活躍した。

――昭和二十三年に井村さんが、二十五年に岡田さんが入ってきました。

井村さんは、姉の貞子の連れ合いの鈴木萬亀雄と同じ新潟鉄工にいた人で、女性社員ばかりで運営する子会社ができたときにそこの頭《かしら》になったくらいの、たいへん頭のきれる方でした。戦後、ご主人の田舎に帰ったものの田舎暮らしが嫌で単身上京し、頼るところがなくてうちに見えたんです。

岡田さんは前にも話しました岡田敬監督夫人で、春本の関係で知り合った方です。こまめに働くだけでなく、芸のわかる小粋な人でした。

井村さんが私より二つ上、岡田さんが一つ下で、いい助っ人が入ってくれたおかげで、私は細々とした指示をしなくてもよくなったくらいです。

寄席というのは、けっこう忙しいんですよ。お掃除がある。寄席ビラ（ポスター）や高座のめくり（出演者の芸名を書いたビラ）をつくる。売店に並べる商品を仕入れる。当時は冬になると手焙りを出していたので、タドンの火をおこす。常連さんは上に掛ける蒲団を持っていらっしゃるので、それを預かっておいて、お見えになるという連絡が入ると手焙りにその蒲団を掛けて出しておく。開場すると、テケツ、下足、中売りの仕事がある。そして終演後は、売上げと支出の計算をしなければならない。初めはこうした仕事を三人でやっていたんです。

子供の食事の世話なんかは、戦前から鈴本にいたおきよさんがしてくれました。このおきよさんという人は昔気質の人で、母がどこかに出かけるというと自分は羽織を着ないでついて行く。私のことをいつまでもお嬢さんと呼ぶ。頑固なところがあったけど、やはりよォく勤めてくれた人です。

その後、三十年代に入ってきた岩崎静子さんは和裁のできる人で、当初は私や子供の着物、芸人さんの浴衣なんかを縫ってもらっていましたが、そのうちに寄席のほうも手伝ってもらうようになり、結局、本牧亭を閉鎖するまで勤めてもらいました。やはりよく働く人で、ここ十年くらいは支配人として切り盛りしてくれたので、私より詳しいくらいです。その他、お茶子さんとして鈴木錦子《きんこ》、佐藤キエ、谷みね子さんらがいました。岡田さんの次女のきよちゃんにも下足番をやってもらったりしました。

このように、初めから本牧亭は女の園で、といってもきよちゃんを除けばオバさんの集まりでしたね。清水（本牧亭社長）や勝ちゃんが働くようになるのはずっと後のことなんです。だからでしょう、「女ばかりの所帯で何かとたいへんだったでしょう」って言われるんですが、そりゃあ、どんなところでも性格も考え方も違う人が集まって暮らしていると何かありますよ。でも、みなさん、よく働いてくれて。振り返ってみると、つくづく私は人には恵まれていたなと思いますね。

おかみさんは岡田すゑさんが本牧亭に入ったいきさつについて何も言わないが、これはちょっといい話なのである。すゑさんは戦後の混乱期に幼い子供三人を抱えて苦境に立たされていた。それを知ったおかみさんが救いの手をさしのべているのだ。すゑさんの話を紹介しよう。

「昭和二十年四月に主人が亡くなって、二、三年は売り食いをして暮らしてました。私は馬鹿ですからね。知人に『敬ちゃんの株を私がいいようにしてあげるよ』と言われて株を渡したら、それっきり戻ってこない。空襲で焼けずに済んだ世田谷の家だってそうしてなくしてしまったんです。懇意な人が『岡田さんが歩いているのを見ていると、体中スキだらけだよ』と言うので、『馬鹿なんですね』って言うと、『馬鹿そのものだよ』って言われた。そういう目にあって、ニッチもサッチもいかなくなっておかみさんに相談したんです。そしたら大旦那が肴町に三畳と二畳の部屋をこしらえてくださって、そこに住みなさいと言われましてね。長女を京都の友達に預け、二人の子供とそこで暮らすことになったんです。それでどこか勤めようと思っていたら、おかみさんから本牧亭が正式に開場するので手伝ってくれないかと言われまして、働くようになったんです」

この岡田さんについては、もう一つ佳話《かわ》がある。

二十八年に初めて講談が芸術祭に参加したとき、東宝映画のプロデューサーだった岸井良衛《よしえ》が本牧亭を訪れる。そこで、はからずもお茶子をしていた岡田さんと再会する。

「岡田さんがこんなところにいるとは知らなかったよ」

と驚く岸井良衛に、すゑさんは夫が亡くなってから本牧亭に入るまでのいきさつを語った。

そして、長女のともさんが近々嫁に行く話をすると、

「岡田監督の版権が溜まって困っているんですよ。ちょうどいい折りだから、その版権を取りましょう」

と言い出した。岡田敬は東宝の前身のＰＣＬの時代から数多くの喜劇映画を撮り、なかで

もエノケンを主役にした映画でよく知られた監督であった。その作品は東宝をずいぶん潤したと言われている。岸井は会社に戻ると、さっそくこの話を重役の森岩雄《いわお》にした。森は本牧亭におかみさんを訪ね、亡友の未亡人に暖かい手をさしのべてくれた礼を述べたという。すゑさんはこう言う。

「版権の話を長女にすると、こじきみたいな真似はやめてちょうだいって言うんです。いまさら父さんの版権を貰ってもいいことないからって言うので、そのままにしていたんですが、岸井さんがこれは当然の権利なんだから、受け取ってもらわないとこっちも困るんだから、とおっしゃるのでね。結局、岡田の版権でお嫁入りの支度もできたんです」

ちなみに、安藤鶴夫も『あんつる君の便箋』の中でこのエピソードに触れていて、次のような文章で締めくくっている。

「本牧亭ッて、こんな人情ばなしが、さりげなく生まれる、そんな、ところなのである」

——井村さんは三十何年かにお客様だった河岸《かし》の方と結婚して、辞められました。相手の方はひとまわりほど年下でしたが、井村さんは実際の年より若く見えましたから、そう不釣り合いでもありませんでしたね。私に再婚話ですか？　だあれも言ってきませんでしたね。あっても、子連れだし、本牧亭の仕事から離れられなくなっていましたからね。第一、家庭婦人には向かないんですよ。娘時分には女中さんがいたし、結婚してからも「本を見ながらつくった料理は嫌だから、何もつくらなくていい。おしんこだけ漬けといてくれ」と春本が言うんです。で、おきよさんに台所をやってもらったんです。戦後もおきよさんらが台所仕事をしてくれたし、めし屋と飲み屋をやっていたので自分でつくる必要がないんです。そんなふうでしたから、私が何から何まで自分でやったのは、長浜に疎開していた頃と市川に住んでいた頃だけ。といっても物のない時代でしたから、ろくなものはつくっちゃいないんです。ご主人の世話などとうていできるわけがないんですね。姉の悦子が昭和三十四年に亡くなってのち、義兄の三和との再婚話が持ちあがりましたが、私は今言ったような状態だったし、三和のほうにも事情があって立ち消えになるということはありましたけれど……。

戦後、おかみさんに艶っぽい話がなかったわけではない。憎からず想っていた人もいた。ある人はこう言う。

「三十年頃てえと、おかみさんは四十代の半ばでしょう。それで一人もん、天下の本牧亭の女将《おかみ》ですからね、もてないわけがないすよ。いろいろ言い寄ってくる奴もいただろうしね。おかみさん、あの人は嫌だとか、うるさいとか言ってましたよ」

しかし、この件についておかみさんは、「まだ私が生きている間は差しさわりがありますから」と言って言葉を濁す。これには後日譚がある。

画家の今村恒美《つねみ》さんがあるパーティでおかみさんに「近々、私んとこへおかみさんのことを聞きにくるっていうけど、例のこと話すよ」と言ったら、おかみさんはにっこり笑って「しょうがないッ」と言ったという。「だからね、お墨つきをもらったから書いても大丈夫」と画伯は盛んにそそのかしたものである。しかし、そそっかしいところのあるおかみさんは、今村さんの言葉を「例のこと話したよ」と聞き違えたらしい。だから「しょうがない」と言ったのであって、公開されることを望まない気持ちに変わりはない。この件については――三十四、五年頃、おかみさんは飲めない酒を飲んでよく二日酔いになっていたが、その原因が経営不振だけでなく恋愛問題にもあったらしい――とだけ記しておく。

その今村さんはおかみさんについて、

「非常に太っぱらですね。それでいて情味のある人でね。あの気っぷはいいね。本当にね、小さいことにこだわらないでしょ。とにかくいい人、人間的にね。大旦那がそうでしたね。だからみんな尽くしたんじゃないかな」

と誉めちぎる。講談師の小金井蘆州〔六代目〕師もこう話す。

「あたしが初めてお目にかかったのは二十五年頃ですね。おかみさんは四十になるかならないかですよ。見たときにハッとしましたね、粋な年増でね。それで江戸ッ子ですからすごく人情にもろいんです。普通、席亭といえばそっくり返るもんですよ。それがなくて若いもんでも大事にしてくれた。だから若い芸人から慕われた。わかりますよ」

こんなおかみさんだったから、本牧亭は芸人や常連客の溜まり場となった。井村、岡田という頼りになる助っ人に寄席の実務を任せ、おかみさんは、もっぱらおつきあいで明け暮れることになる。

芸人の溜まり場

――昭和二十年代、三十年代の本牧亭は、芸人さんの寄り合い所みたいでしたね。朝、目を覚ますと人がいるというふうでした。講談師はもちろんのこと、落語家、奇術師、音曲師……いろんな人が出入りしていましたが、その中でもよく覚えているのは、三遊亭金馬（当時・小金馬）（四代目金馬、のち金翁）さんと三遊亭円歌（当時・歌奴）（三代目円歌）さんです。一龍斎貞丈（五代目）さんに、一龍斎貞鳳《ていほう》さんらと一緒に始終くっついていた。本牧亭に集まってきてわいわい騒いで、夜になると飲みに行ったり吉原に繰り出したり。貞丈さんと貞鳳さんが帰った後も居残って、よく泊まっていきましたね。

金馬さんなんか子供の部屋に入り込んで、マンガ本を読んで大きな声で笑ったりして。ご近所とのおつきあいがなかったからよかったけど、もしあったら、年中こういう芸人さんとつきあっていましたから、不良婆ときっと言われたでしょうね。

円歌さんなんか今でも時たま会ったりすると「おかあちゃんには世話になったね」と言うし、金馬さんなんか義理がたくて盆暮れになると何か贈ってくださる。とくに何かをしてあげたというわけじゃないんだから、もうやめてちょうだいって言うんですけどね。まだ父も健在だったし、私も気楽でしたからね。一緒になって遊んだというだけのことなんです。

この伝統がその後も引き継がれ、三十年代には講談師の一龍斎貞水《ていすい》〔六代目〕さんらがいりびたった。ここで金馬、円歌両師匠と貞水師の話を紹介しよう。おかみさんの人柄や芸人の生態がうかがえて興味深い。なお、二十四、五年頃というとおかみさんは三十代後半、三十四、五年頃は四十代後半である。

三遊亭金馬「私の師匠〔三代目金馬〕は人づきあいの悪いので有名でしてね。いばってて、それが好きだというファンがいるくらいなもんでしたが、私たち弟子には『自分は人づきあいが悪くてもやってけるけども、お前たちは人とのつきあいを大事にしなくちゃいけない。そのためには貞丈さん、あの人はそういう点では立派な人だから教わってこい』と言うんです。で、うちの師匠が、

『うちの小金馬は俺の弟子だから、どうも人づきあいがよくない。飲んでもこの野郎、愛想がないから駄目なんだ。ひとつ教えてやってくれ』と言うと、貞丈先生、

『ああ、いいすよ、しこみましょう』

てんで、酒の飲み方から、お客さんに座敷に呼ばれたときはこうするとか、ＯＪＴてぇやつですな、いろいろ教わった。当時、貞丈先生は銀座に事務所を持ってたが本牧亭も足場にしてたんです。それで、おかあちゃん（おかみさんのこと）に、

『小金馬っていうんだけど、可愛がってくれよ』

『あら、そう。上野に来たら寄んなさいよ』

これがきっかけですな。当時、大宮に家があったから、上野は足場がいいんです。吉原にも行きやすいし、便利なところだった。で、悪仲間の歌奴とかと貞丈先生を囲んで飲んだりすると、終電車に乗りそこなう。すると本牧亭に泊まっちゃうんです。

当時、孝ちゃんもちゃこちゃん（久子さんのこと）もまだ小学生の時分で、二人の部屋に入り込んでマンガの本を読んでると、学校から帰ってきて、

『小金馬さんはまた、駄目じゃないの』ってけっとばされる。

『いいじゃねぇか』ってね。
二十三、四年の頃ですから、私は二十そこそこでしょう。
おかあちゃんが預金通帳をこさえて、通帳は私、ハンコはあんた、と言って。稼いだらこの中に入れなさいって、母親みたいなことを言ってくれる。こっちは若いから預金がたまった頃を見計らって、

『吉原に行くから通帳』って言うと、

『無駄づかいをしちゃいけない』って小言を言われるんですよ。

ただ、お茶子のおばちゃんにはよく毒づかれたね。

真夜中まで遊んで、帰るに帰れなくなって。本牧亭まで来てみると戸締まりがいい加減でね。そっと忍び込んで、階段の下の三畳くらいの部屋で、座布団を鎧《よろい》にして寝てると、
突然、

『また小金馬さん、泊まってんのッ』

って。おっかないんだ。

それで思い出したけど、ある日のこと、朝、大旦那と鉢合わせしたことがあってね。

『おっ、小金馬さん泊まったの』

こっちはワーッと跳び上がっちゃった。

『おはようございます。勝手なことしまして』と言うのが精一杯です。大旦那はいけない。おかみさんなら『ごめん』で済むけどね。帰り道が東北線だからね、居候《いそうろう》きめこんだほうが都合がよかった。私が一番泊まったかな。おかみさんによくご馳走になったりしたね。この時期は私がキヤキヤとくる頃までだから、二十五、六年頃までだね。私がラジオの番組を持った頃までですよ。

そうだ、こんなこともあった。ふところ具合がよくなって、少し鼻息が荒くなって、おかあちゃんや貞丈先生を引っ張り出して飲んでた頃のことです。家に帰れなくなって、『泊めてよ』『泊まんなさいよ』ってんで、いいご機嫌で本牧亭に戻って、おかみさんと梯子段の下で話していたら、古いお茶子連中が、

『こんな夜中におかみさんも一緒になって何やってんのよ』

その言い種がよほど頭にきたのか、珍しくおかあちゃん、ポロポロ涙こぼしながら、

『あたしだって、言いたいことがうんとあるんだから』

って言うんだ。そのとき初めて、人を使うのはたいへんなことだと思ったね。向こうは大旦那の時代から働いているという気があるから。ああいう寄席を支えていくのはたいへん。偉い人ですよ、本当に。

おかあちゃんは、年増の男の人にとっては魅力ある存在だったでしょうな。こっちは世代が違うから……でも、あわよくば若きツバメにしてもらおうと思ってたね。

『ねぇ、ツバメならいいでしょう』

って言ったことがある。だって、きれいだったもんね。

その後、私がうちのカミさんと知り合ってカッカしてる頃、ラブレターを一日に二回出す。そしたら『いいなずけがいるから、結婚できない』って断られた。で、何言ってやがんだ、お前なんか二度と会いたくねぇ、と書いて送った。

『おかあちゃん、あの女、駄目だ』

『何言ってんのよ、女の子はそう簡単なもんじゃないわよ。嫌だ、嫌だも好きのうちって言うじゃない』

そう言ってご馳走してくれた。そしたら向こうから、

『あんなにきつく言うことないじゃないの』って。

『ほら、みてごらんなさい』とおかみさんにからかわれました。

結婚後、うちのかかあも夫婦喧嘩をしたときなんか、おかみさんに慰められたんじゃないかな。それやこれや、本牧亭で自分の勉強会もやったし、おかみさんとは家中でつきあってきたからね。本牧亭がなくなるというときは悔しかった。おかあちゃん、寂しそう

な顔してるんだけど、ぼくたちの力じゃ何もできないのでね」

三遊亭円歌「ぼくが落語協会に入ったのは戦後、四代目小さん会長の時代なんです。当時、落語に勢いがなくてね、くっついて歩くとすると貞丈師だった。政財界とつながりのある人でしたからね。毎晩のように連れて歩いてもらった。その拠点が本牧亭だったんです。貞鳳、小金馬、そして歌奴のぼくと、始終一緒だった。そのうち我々も本牧亭に出るようになって、ある日、家に帰れなくなって泊まった。以来、目が覚めると楽屋に寝ていたり、娘たちの蒲団にもぐり込んだりしてた。平気でごはん食べてたし、居候なんてもんじゃないね。タチが悪いんだ。寄席では普通、嫌がられて追ん出されちゃいますよ。

その上、『おっかさん、金くれや』『何すんのよ』『女郎買いに行く』、そう言っておどして銭を持ってくんですから。それがあんまり度重《たびかさ》なるもんだから、おっかさん、悔しい馬鹿馬鹿しいからってんで、私も一緒について行くって、吉原まで行ったこともありましたね。金馬君と貞花《ていか》（後の六代目貞丈）君とぼくは、おかあちゃんに育てられた。林家三平〔初代〕君はずっと後ですよ。伊東にぼくと貞花が惚れている芸者が二人いましてね。本牧亭でひと月に二回、二人会をやって、その売上げを持って伊東に飛んで行っちゃうなんて乱暴なことをやってましたよ。そういうことを黙認してくれたんです。そんな悪さをしても怒った顔を見たことないんです。二十五、六年頃には、いくらかお金をとれるようになって、と言ってもスイトンではなく雑炊が食えるようになった程度ですけど。一人立ちできるようになってからは泊まり込むなんてこともなくなりましたが、それでもその後もよく本牧亭には行ってました。おかあちゃんが好きで行ってたんですね。

ぼくの弟も一時、本牧亭にお世話になったことがあるんです。そういうふうですから、我々はおかあちゃんには生涯、頭が上がらないですね」

一龍斎貞水「ぼくが本牧亭にいりびたっていた期間は長かったですね。ぼくが講談師になったのが、昭和三十年、高校一年のとき。親父が当時講談組合の頭取をしていた邑井貞吉先生と親交があって、その縁で貞丈先生の弟子になったわけですが、家が湯島天神男坂下でしょう。近いし本牧亭にいると師匠とも連絡がとりやすいんです。ゴロゴロしてるのは芸人だけじゃなくてね。当時、慶応の学生だった清水さん（現在の本牧亭社長）とか娘たちの家庭教師をしていた保田《やすだ》（現在・読売新聞編集委員）（保田武宏。のちに演芸評論家として活躍）さん、そのほか大学生が何人かいました。居心地がよかったんですね。おかみさんの部屋ったって囲いがあるわけじゃなし、戸をカラカラと開けて『腹へった』って言っちゃごはん食べたり、麻雀やったり、こづかいを貰ったりしてました。インチキの予定帳見せて『こんだ、こんなことやるのでお金を貸してください』。返さないのはわかってるんです。

この修業時代に、おかみさんの力を借りていろんなことをやりましたね。

本牧亭は常連客ばかしでしょ、ぼくや田辺一鶴《いっかく》さんが高座に上がると、『お前らの勉強を俺たちはがまんして聞いてやってるんだぞ』という雰囲気なんです。それと、前座三年目の頃かな、同じ時期に噺家になった野郎に道で出会ったら、二ツ目になったてんで羽織着てえばって歩いてる。人の顔を見てね、『なんだ、まだ前座か』って言う。落語ブームの頃ですよ。こんちくしょうと思ってね。それで前座がやったら怒られるから、内緒で黒門町のビルの三階を借りて勉強会を開いたことがあります。おかみさんも、孝ちゃんや清水さんも来てくれてね。

ただ、いろいろやるんだが、馬鹿にしちゃって誰も聞きにこない。それで始めたのが民謡講談です。そのときもおかみさんに、『講談ミュージカルをやる。ついてはお金がいるので貸してください』って言って。おかみさんは新作が嫌いじゃなかったですからね。松《しょ》鶴家千代若《かくやちよわか》、千代菊《ちよぎく》さんや彦六《ひころく》（当時・林家正蔵《しょうぞう》）師匠にスケてもらって二年くらいやりました。おかみさんやうちの師匠の顔でできたんです。

三十八年に北條秀司《ほうじょうひでじ》先生の『王将』をやったときも、鎌倉の自宅に挨拶に行くのにおかみさんについて行ってもらった。これはね、スクリーンにスライドで風景や映画のスチールを映しながら、マンドリンやアコーディオンの伴奏つきで読むという新趣向でね。北條先生も門下生を引き連れて見にきてくれました。そのお礼にまた鎌倉までおかみさんに行ってもらうんですから、世話のかけどおしです。

おかみさんは人情家でしたよ。ひげの田辺一鶴さん、あの人は吃音《きつおん》をなおすために講談師になった人なんです。吃音の中でも一番たちの悪いもので、高座で五分、十分つまって、言葉が出てこない。そうすると、お客が釈台にお茶をのっけたりしてね。それを克服したんだから偉い人です。その一鶴さんが朝早く起きて新聞配達をしているとか、屋台を引っ張ってるところをヤクザにひっくり返されたとか、という話を聞くと、かわいそうだと言ってポロポロ涙を流す。そういう人でしたね。

なんせ、当時、我々は食えないんです。靴をはいてる前座なんていなかった。買えないんです。師匠が見るに見かねて買ってくれた時代ですよ。そんな時代におかみさんのごはんを食べて、食いつないでいたんだからね。本牧亭について印象が強いんですよね」

第五章　寄席の経営

講談バスと講談船

——客足が遠のいたのは、昭和三十三、四年頃からですね。それまでは、日曜日とか雨の日には月に何回か一束（百人）入ることがありました。それが日に二十人とか三十人しか入らなくなっていった。年配の常連客がお見えにならなくなり、若いお客様が増えなくなって悪くなったんです。その頃です、父が「やめようか」と言ったのは。そのときは私のほうが「なんとかなりますよ」と言ったんです。

それで、どうしたらお客様に来てもらえるか、とくに若いお客様を呼ぶにはどうしたらよいか考えました。宣伝しなくちゃいけないんですが、その前に若い人の意見を聞いてみようと思って、広小路の若旦那連に声をかけて、アンケートをとらせてもらったことがあるんです。答えは否定的でした。話が身近じゃないし、長い時間座っているのが苦痛だと言うんです。二、三十代の若い人には向かないという人がほとんどなんですね。でも、諦めるわけにはいかない。で、試みとして三十三年に、はとバスをチャーターして、講談バスを走らせることにしました。バスの横ッ腹に大きく〝本牧亭講談バス〟と描いてある、そのバスに三、四人の講談師がガイド役で乗り込み、講談ネタにゆかりの史跡を回るわけです。「怪談めぐり」「白浪《しらなみ》めぐり」「名刹めぐり」「捕物スリラーめぐり」「義士めぐり」といったテーマでやりました。講談師がバスの中で筋書きを話して、関係のある場所に来ると降りて説明する。これは赤字にはならない程度でしたが、新聞でとりあげてくれて宣伝にはなりました。その後、バスの駐車場の問題で困ってやめましたが、今は復活してやっています。

この企画と関連のあるものとしては、三十六年から始めた講談船があります。夏の夕べ、千住大橋から柳橋まで隅田川を屋形船《やかたぶね》で下りながら講談を聴いてもらうというもので、最初のときは柳橋に着いたところで新内船を呼び、「蘭蝶《らんちょう》」〔新内の代表曲のひとつ〕をやってもらい、陸に上がってビールを飲むという趣向で評判になりました。その頃は、

講談の人気回復のための試みの一つ、講談バス。講談ネタにゆかりの史跡を回る

今のように隅田川の堤の壁も高くなかったし、川もそれほど臭くなかったですからね。ただ、翌年やったときは少し臭くなってきたなと思ったものです。三十八年にはもう匂いがひどくて、みよしと、ともの両方でお線香をたくありさまでした。ちょっと情緒がありましたし、最近は川も少しはきれいになって屋形船が増えているようですので、講談船を再開してみたいなと思っています。

おそらくこの時代のことだろう。なんとかしてお客を呼びたいというおかみさんの思いはお茶子さんら全員の思いでもあった。岡田さんはこう語る。

「お風呂屋さんやおそば屋さん、地下鉄の駅にビラを持っていって貼らせてもらうんです。ビラの左隅に三角形の切り取り線があって、それが入場券になっていましてね。これが謝礼というわけです。このビラまきはちょっとたいへんでしたよ。下足番をしていた娘のきよは自転車で配ってました。それとごひいき筋へ手土産《てみやげ》を持っていくといったこともやりましたね。本牧亭のほうの手が空きそうな時間を見計らって行くんです。神田伯山さんの独演会というと必ず、ごひいきだった鮒佐《ふなさ》の旦那のところへ束になった入場券を買ってもらいに行きましたよ。みんな本当に一生懸命でしたね。一人でも多くお客様に来ていただこうとして。おかみさんは気持ちがおおらかで、気っぷがよくて、江戸ッ子。そういうおかみさんだから、みんなよく尽くしましたよ」

三十二年から三十四年まで久子さんの家庭教師だった、当時東大生の保田武宏氏は、「講談に対して意欲的でしたね。どういう企画にしたらよいか、どういう興行形態にしたらお客を呼べるか、一生懸命考えてましたね。寄席では昔から上席《かみ》・中席《なか》・下席《しも》といって十日間興行が普通なんですが、それを一週間興行にしてみたり、いろいろやってるんです。それと自分の商品を大事にしていましたね。講談もよく聴いてましたよ」と言っている。

講談という日本独自の伝統芸能を裏方として支えようと地道に努力している本牧亭の人々の、こうしたけなげさは周りの人々を動かさずにはおかなかった。三十三年三月六日に開かれた「本牧亭の席亭・石井英子を励ます会」はそのひとつの現われである。案内パンフレットには「世話人のことば」としてこう書かれている。

「石井英子の君、君は女傑である。君は敬愛に価する情熱をもっている。（中略）君は幾多の抵抗を抑えて強く十年間余を女の細腕一本えいえい築き上げた。（中略）講談定席本牧亭を、庶民の親しみに溶けこませガラリと変わった敗戦後のこの世代にまでもちこたえてきたことは大変だったろう。物心両面の不遇にへこたれもせず、明るく笑う君の貌《かお》には皺がない。もちまえの意気地を通して、東都で唯一つの異色ある席に輝きあらしめた。『沈みかけた講談』に息吹をかけ、孤塁をよくぞ守ってくれた。そこでわれら有志つどい集いて君に拍手をおくり、盃をあげ、感激の一夕をささげたいとおもう。これを機えんに後援のホゾを固めたいと思う」

この会の仕掛け人は小生夢坊《こいけむぼう》（作家・評論家）で、発起人には吉川英治、長谷川伸、徳川夢声といった人の名が並んでいる。三十年以上も前のそのパンフレットをおかみさんに見せると、

「ここの私の〝ご挨拶〟にも書いてあるように、私は女傑でもなければ才女でもない、ただの平凡な明治女」

と言って笑う。この時期、もう一つ努力がむくわれる。翌三十四年、講談特選会の企画開

催で、本牧亭が第十四回芸術祭奨励賞を受賞するのである。

その表彰式でこんなことがあった、とおかみさんは言う。

「賞状以外に記念の楯か何か出ますね。『おいりようですか』とおっしゃるので『いりません』と言ったんです。あれはお金を払って買うんです。のちに芸術祭で受賞した人が『今までの芸術祭でこれをいらないと言った人が一人いる』と言われたと話していましたが、たぶん私のことだと思います。きっとケチだと思われたでしょうね。でも、ああいうものは受賞パーティのときに飾るんでしょうが、私は嫌なんですよ、飾り立てるのが。とっておいても邪魔になりますしね」

めし屋を開業

若い人に関心を持ってもらおうと、三十三年には「講談若い人の会」が誕生している。本牧亭昼席常連の大学生が、若い講談師の一龍斎貞春《ていしゅん》（後の六代目貞水）、貞花（後の六代目貞丈）、邑井《むらい》操《みさお》、神田光庸《こうよう》（後の六代目伯龍《はくりゅう》）らを招いて話術の研究、講談のあり方などを研究する集まりで、本牧亭で開かれた。また、日の目は見なかったが、大学に講談研究会を発足させることを講談師に提案したと、おかみさんは言う。

「落研《おちけん》（落語研究会）があるんだから、講研があってもいいんじゃないかと思ったんです。落語は江戸文学につながるが、講談は歴史につながるので、大学でも認めるんじゃないかって」

しかし、こうした努力にもかかわらず、お客は増えない。

この頃のおかみさんの心境を、安藤鶴夫は『巷談《こうだん》本牧亭』の中で次のように書いている。

「おひではこの半年ばかりの間に、だんだん、本牧亭の仕事に疲れてきて、この頃ではあもうどうでもいいやとさえ思うようになってきていた。それには、まず、客が入らない。明けても暮れても、毎日、つばなれをしたことがない。客席のことばで、つばなれというのは、客が十人以上ということである。一つ、二つ、三つと数えて、七つ、八つ、九つまでの数には、みんな、つの字がつく。十と数えて、はじめてつの字と縁が切れるのを、つばなれといっている。本牧亭の客は、このところ、いつでも、たいてい、そのつばなれをするか、しないかという心細い入りである。そんな日ばかりがつづく。

それでもおひでは、お前さんはね、講談という芸を守るッてことだけを考えれァいいんだと、父親にいわれたことをいつでも思い出しながら、そのことで、歯を食いしばるのだが、経営の出来る、出来ないという金銭の面は、なんとしてでもこたえられるようにしても、かんじんの、講談という芸を守っていこうという信念が、ぐらつくのである」

それで、孝一郎に本牧亭をこわして三階建てのビルにして、と言って叱られるシーンに続く。

——小説では、上野の西郷さんの銅像の前の茶店で父に叱られたという設定になっていますが、あれは安藤さんのフィクションです。あれ以外は実話なんです。あんまりお客様が来ないんで、いっそのこと三階くらいの貸しビルにして、二階を小唄かなんかのおさらいくらいできる貸しホールにする。そして一階には、小さくてもいいから理想的な高座を持った寄席をつくる。こんなことを言ったら、「おい、いくつンなった、お前」って言われましてね。

「ものには分相応ってことがある。いいかい、あたしゃあ、お前に本牧亭をやらせた。はばかりながら色物の席には鈴本がある。あたしゃあ、鈴本を色物の歌舞伎座だと思っている。そのくらいの誇りてぇかな、そんなものがなくっちゃあ、いまどき、お前、寄席なんてものはやってけないよ、そうだろう」

そして、こう言うんです。

「講談の舞台はどこにもない。だからお前に講談をやらせた。お前に講談を守らせようと思ったんだ。それには今の本牧亭でいいんだ。あれより立派にしちゃいけないし、あれより哀れっぽくしちゃいけない。あれでちょうどいいんだ。それをなんだって、本牧亭を貸しビルにするんだって？　一体、誰がお金を出すんだい」

父から生まれて初めて叱られて、ああ、そうだ、ムシがよすぎると恥ずかしかった。私は出戻りなのに、つい甘えて……。

ただし、講談定席を続けていくために何かをやることに関しては賛成してくれました。

「飲み屋はいけないよ。どうだい、おしるこ屋は？」

と言うので、

「父さん、おしるこ屋はあんをつくるのが特殊なことで難しいんですよ」

「そんなら、めし屋はどうだい」

で、めし屋をやることになったんです。幸い、岡田さんがおかずの煮方やなんかが上手なので、めし屋のほうは岡田さんに一任しようということで、本牧亭を改装して、隣に「ほんもく」を開業したんです。

「おかみさんにめし屋をやってくださいと言われましたが、断ったんです。私は人に使われるならできるけど、人様を使うのは下手な人間だから、って。そうしたら大旦那に呼ばれましてね。岡田さん、一つくらい、いい返事を聞かせてください。みんな講談だけでは食べていけないんです。講談を続けていくためには、ちゃんとした商売が必要なんです。ですから、やってください。ただし、ご近所と同じ商売をしちゃいけないですよ、と。大旦那に頭を下げられたら、やらないわけにはいかない。それで始めたんですが、最初、向かいのとんかつの双葉さんの旦那にごはんの炊き方から、お香のつけ方を習ったり、ほうぼうの煮込み屋を見て回りました」（岡田すゑさん）

当初、カウンターのみで客席は十席だった。岡田さんと、岡田さんの次女のきよさんの二人で始めた。売り物は貞花さんが〝すきやき丼〟と名付けた牛丼と煮込みだけだったが、安くておいしいと評判を呼び、お客が増えていった。このため、のちに大旦那が使っていた離れをめし屋とつなげて、そこを座敷にした。

「途中からお酒も出すようになりましたが、大旦那が飲み屋は駄目だとおっしゃってたので、出してもお一人二本（二合）に限定してましたね」

あるとき、大正会といって大正生まれの著名人の会が本牧亭で開かれた。森繁久弥《もりしげひさや》、高峰三枝子《みえこ》、中曽根康弘、尾上梅幸《おのえばいこう》、山田五十鈴《いすず》……そして三島由紀夫もその会に入っていた。真偽のほどは不明だが、そのとき三島は「ほんもく」の牛めしを「うめぇ、うめぇ」と言いつつ丼で四杯食べたというエピソードが残っている。

──それと、父が碁・将棋が好きでしたので、将棋倶楽部をやりました。二階の客席の下、一時、私たちの住まいにしていたところを使いましてね。最初は確か講談師の品川連山《れんざん》さん、次いで噺家の土橋亭《どきょうてい》りう馬《ば》〔九代目〕さんが管理人で、志ん生さんなんかもよく見えてましたよ。

「酒亭ほんもく」を始めたのは、父が亡くなった後、三十九年です。ある酒屋さんから「酒場をつくりなよ。俺が資金は全部出してやるから、とにかくやってごらんよ」と言われまして、久子にやらせることにしたんです。狭いところでしたが、樽酒を置いてマスで飲ませる趣向が当たりました。お代わりのときはやかんで持っていく。気取ったことはしないんです。酒の肴も生揚げとかみそ豆、おでん、湯豆腐、煮こごり、塩辛。その他、行商していた魚屋さんが魚をその場でおろしてくれて売り物をこしらえてくれる。二十坪ほどの庭があり、風情もある、というのですぐ満席になってしまうんです。席は庭に向いた席と、部屋に向いた席があって、その間の通路は通れないほどでした。四斗樽をドンと置いて、中身の空いた樽をテーブルがわりにして飲んでもらう、その気分がいいんですね。この頃の店をご存じのお客様は、

「昔のほうがよかったね」

とおっしゃる。で、私は言うんです。

「そうでしょ。昔は素人がやってたから高くないけど、今はプロですからね、高いんですよ」ってね。

本牧亭の昼席がはねるのが四時半すぎ。芸人さんがごひいきのお客様と降りてきて、飲まれる。これが口明けで、よくはやりましたね。

父の遺志には反していたけれど、寄席の経営には大きく貢献したので、父も許してくれるんじゃないでしょうか。

本牧亭の経営でもう一つの重要な収入源は貸し席だった。これは、講談定席の誕生のところでも述べたとおり、講談のほかに落語、浪曲、義太夫、新内などに使われた。広さも手頃だし、畳席であり、昔の寄席さながらに仲入りにお茶やせんべいなどを売り歩く情趣が歓迎されてはやった。本牧亭の貸し席を予約するのは容易ではなかったという関係者の証言もある。二十三年の開場時から平成元年まで本牧亭を使用してきた新内の岡本文弥さんは、貸し席の意義についてこう話す。

「新聞や雑誌では、どういうわけか貸し席のことが書かれていないですね。本牧亭が講談を守るために果たしてきた功績は大きかった、これは確かです。新内だって本牧亭があったから今日まで生き延びてきたんです。ただ、その本牧亭が維持できた、講談の砦《とりで》としてやってこられたのも、席貸しのおかげであったことを言いたいんです。私たちは毎月のように席料を払ってきた。微々たるものですが、その収入なくして講談定席は守れなかったと思うんです。そうした寄席の経済をとりあげていない。とやかく言うこともないが、事実として席貸しが収入の一部であったこと、講談を守るために新内も一役買ってきたことを知っておいてもらいたいんです。いいも悪いもこれは事実ですからね」

四十年当時の木戸賃が二百二十円。三十三畳の客席、ということは一畳三人座るとして定員は百人。つまりよく入っても入場料収入は二万二千円である。ここから税金を引いて、その残りを楽屋（芸人）と表（席亭）で半々に割ると、売上げは約一万円。四半世紀前でもこれでは寄席は経営できない。まして芸人は少なくとも六人は出る。お客の少ない日にはぼう割り（真打ちから前座まで平等に給金を割ること）にすると、トリをつとめた真打ちでも足代にもならないのである。そうかといって木戸賃を上げると、客足はますます遠のく。つまり、入場料収入だけでは寄席は成り立たないのである。次々と寄席が消えていくのは無理もないというわけだ。

本牧亭が四十年にわたって続けてこられたのは、岡本文弥さんの言うように、貸し席の賜物《たまもの》なのである。三十七年におかみさんの長女の孝子さんと結婚し、四十年から本牧亭の経営に参画するようになった清水基嘉《もとよし》社長も、

仲入りにお茶やお菓子を売る席亭。「おなァかァいりィー」のかけ声もなつかしい

「夜の席貸しは、新内、義太夫、琵琶、その他邦楽関係で、月の半分は埋まっていました。そのほかに講談師や落語家の独演会、常連客の会合などに使われていましたから、ほぼ年間のお得意先は決まっていました。この席貸し料でやりくりはトントンでした」と認める。この貸し席と、飲食店、仲入りの売上げ、それに鈴本亭が四十五年に鉄筋ビルに改築されて鈴本演芸場に変わるまで、鈴本亭の売店を仕切っていたのでその売上げが、本牧亭の経営を支えてきたとのことである。

「寄席は時間が長いから、中で飲

んだり食べたりする習慣があって、当時はすごく売れたんです。キャラメル、せんべい、清涼飲料、煙草といった、仲入りのときの売上げは馬鹿にならないんです。今日、歌舞伎座でも売店収入が経営に大きく貢献しているんですよ」

この三十年代は、おかみさんにとって波乱に富んだ時代だった。三十六年に父・孝一郎が他界する。三十八、九年には安藤鶴夫の『巷談本牧亭』が舞台やテレビで上演されるなど世間の耳目を集める。そしておかみさんは三十九年秋、中国へ旅行している。孝一郎のことから触れよう。

第六章　父のこと

落語演芸会社

孝一郎が死んだのは昭和三十六年六月十日である。
死因は脳溢血で、享年八十一歳だった。

——父が危篤に陥ったとき、私は娘や甥《おい》と本牧亭で麻雀をしていました。父は麻雀が大嫌いで、よく亡国遊戯だと言ってましたから、親不孝者ですよね。ただ、麻雀のおかげでみんな揃っていたから、すぐ駆けつけることができた。その頃、父の身の回りの世話をしてくれる人がいて、黒門町に住んでましたのでね。それから二日後に亡くなりました。

　お通夜は鈴本を使えないので本牧亭でやり、告別式は坂本の正洞院《しょうとういん》でやることになりました。そのお通夜のとき、ちょっとした騒動が持ち上がりました。花輪は置く場所がないのでご辞退したんですが、古今亭今輔（五代目）さんが届けてくださって。それを見た芸人さんが急いで所属している落語協会、落語芸術協会に連絡する。さぁ、たいへんです。横丁から中央通りまで花輪が並んで……。ご商売されているお店もありますから、本当に恐縮しましたね。

　その父が亡くなって驚いたのは、いろんなところに財産を持っていたことです。円生さんは『寄席切絵図』の中で、ちょっと皮肉っぽく、〝江戸っ子のなりそこない金をため〟といった調子で、父のことを蓄財家と評していらっしゃいますが、私はこう思うんです。人間、信用がつくと、黙っていても「困ってるから、これ買ってください」と人が頼みにくるんですね。それで安いものが手に入る。こうして徐々に増えていったんだと思います。

　父はケチだって言われてました。日常の暮らしぶりなんかつつましやかで、私たちの食事も質素でしたよ。お年玉なんかもね、みんな少ないって不平を言ってました。ところが話を聞いてみると、出すところには出していたらしいんです。

こんな話があります。志ん生さんが真打ちになったときと言いますから、震災前のことですが、鈴本で披露興行を行うことになり、そのとき父は支度金として二百円を志ん生さんに渡したんだそうです。今もそうですが、真打ち披露にはお金がかかるんです。ましてや志ん生さんは貧乏のどん底ですから、父にしてみれば「これで紋付きや羽織を買いなさい。貸したお金は出世払いでいいよ」という気持ちだったと思うんです。ところが、ふだん持ちつけない大金を手にしたものだから、有頂天になって酒とバクチに使ってしまった。結局、晴れの舞台によれよれの普段着で上がって、父は二の句がつげなかったという話なんですが、使うところには使っていたんです。遊びもずいぶんしたし、ある芸人さんなんかも「遊びは大旦那に教わったんですよ」と言ってました。ですから、父はケチでもないし、蓄財家でもないと思っています。ただ、遺産を残してくれたけど、その後、不始末でなくしちゃいました。

娘の口から言うのもなんですが、父は事業家であり、寄席で功労があったと思います。明治二十六年、十三歳のとき養子として鈴木の家に入って、以来七十年近い年月を寄席の中で過ごしてきたんですからね。自分でも「体中、寄席のこけが生えているようなもんだ」と言ってましたが、この間にお世話した芸人さんの数は数え切れないほどですしね。第一、寄席をほうぼうでやっていた。戦前は大塚、駒込、浅草、戦後は市川に支店を出しているんです。人形町や江戸川にあった鈴本は名前を貸しただけで、直営ではありません。

それに結果的には失敗に終わった落語演芸会社の設立（大正六年）にしても、寄席を滅ぼさないための一つの方策だったと思うんです。

この落語演芸会社の設立については、孝一郎自身、『寄席主人覚え書』の中で詳しく触れている。それによると、きっかけは〝抜き〟の問題だった。抜きとは、芸人が勝手に休演することである。ビジネスの世界では通用しないことだが、芸界では大目に見る風があった（現在もこの悪習は残り、席亭を困らせている）。ところが、ひと晩に真打ちが七人も抜くなんてことがあり、こうした芸人の増長を許していたら寄席は滅びる——そう危惧した孝一郎は「会社組織にして、寄席が芸人を統率するだけの権威と力を持たなくては」と考え、芸人を紋付きを着た会社員にすることを決意したのである。

この案に数人の席亭、落語家が反対し、ここに東京の落語界は会社派と反会社派（睦《むつみ》会《かい》）の二派に分裂することになる。会社派は、小さん〔三代目〕をはじめ円右《えんう》（初代）、円《えん》蔵《ぞう》〔四代目〕、小勝《こかつ》〔五代目〕、三語楼《さんごろう》〔初代〕、正蔵《しょうぞう》〔六代目〕、さん馬《ば》〔翁家さん馬、のち八代目桂文治〕、円窓《えんそう》〔後の五代目円生〕、小文治《こぶんじ》〔二代目〕といった顔ぶれ。対するに反会社派で看板といえば、柳枝《りゅうし》〔後の初代華柳〕、左楽《さらく》〔五代目〕しかいない。勝負は初めから見えていた。ところが……。

「どう見たって会社派とはくらべものにならない貧弱な陣容で、なあに長いこたあないよ、反会社派なんていったってすぐつぶれてしまうよ、と腹の中でたかをくくっていましたが、これがあたしのあさはかなところで、結果はまるであべこべになってしまいました。（中略）前に申し上げた会社派の芸人と反会社派の芸人とでは、実力からも人気からもまるでくらべものにならないはずですが、人気の人と、世の中を動かす人とではちがうんですね。（中略）華柳、左楽という人は、芸よりも人を動かすことが巧くて、そこへいくとその点まるでゼロの会社派の芸人はまるでお話になりません。でも客が来なくても月給制度だから芸人は驚かないが、客は来ないは、月給は払わなけりゃならないはのこっちは、まるでお手上りです。

それでなくても会社派の旗色がだんだん悪くなって、にっちもさっちもいかなくなったところへ政治講談で売れてる伊藤痴遊なんて先生が反会社派へ加担して、ヨシ、助けてやろうと会社派へ宣戦を布告したのですから、何のことはない、これでは敗戦の色がはっきり濃くなった日本へソ連が宣戦を布告したようなもので、こっちはいよいよお手あげです」

この会社は結局、大正十二年の関東大震災で東京中の寄席が灰塵《かいじん》に帰したのを機に、解散となる。

名物の買い出し

――私たち家族は父のおかげでそう不自由することもなく暮らしてこられましたが、父自身はずいぶん苦労したと思いますよ。寄席の経営というのは世間で考えているほど楽ではないんです。入場料と入場者数を掛け算してみればわかりますよ。毎日、何百人も入るものではないですから。その寄席を若い頃から切り盛りしてきたんですからね。

とくに経営が厳しくなったのは、昭和に入ってからです。二、三年頃から世の中の不景気を反映して、お客様の入りが思わしくなくなっていきました。その頃、父はよく地方の名物を買い出しに出かけました。名物たって食べ物ではありません。全国の俚謡《りよう》、民謡です。目先の変わったものを高座にかけて盛り返そうと考えたんです。仙台のはっとせ踊り、盛岡の金山おどり、新潟のおけさ、信州の木曽節、出雲《いずも》の安来節《やすぎぶし》などを呼びましてね。このときのことで面白い話があるんですよ。

はっとせ踊りを呼んだときのことです。仙台のさる料亭に女中さんの舞踊団があるというので見に行くと、踊りそのものは伊達家の紋のついた着物を着て踊るだけのなんの変哲もないものでしたが、風変わりではあるので、東京に呼ぶことにしたらしいんです。その舞踊団の一行が上野駅に着く時間に、父は二頭立ての馬車を仕立てて迎えに行きました。女中衆を乗せて上野周辺の町まわりをして景気をつけようという魂胆ですね。

ところが、汽車から降りてきた女中さんたちの器量を見てがっかりした。お座敷で踊っているときは、お揃いの衣装で化粧もしているから見られたが、普段着でカバンを持った姿は東京見物のおのぼりさんにしか見えない。これで町まわりをしたら来る客も来なくなってしまう。それで、その女中さんたちを宿屋へ連れて行き、父はその足で数寄屋町の検番へ行って半玉《はんぎょく》にお座敷をつけて、馬車へ乗せて町まわりをしました。夜、鈴本に来たお客様の中には、

「あれッ、町まわりのときは、もっときれいな子がいたはずだが？」

と首をひねったお客様もいただろうという話です。

父が買い出しで行かなかったのは九州くらいで、全国の主だったところへはくまなく出かけたと言ってましたね。

ただ、そうした努力も一時しのぎで、決定打にはならない。五、六年頃には更にひどくなりました。この頃です、あるビール会社からビヤホールに転業しないかという話が

あったのは。父も少しはその気になったようですが、江戸時代からの先祖伝来の寄席をビール屋にしては面目ないということで、思いとどまったんです。

それで、儲からなくてもいいから景気づけにお客様を呼ぼうと、大出血作戦を展開しはじめました。その頃の木戸銭は十銭でしたが、入場者にもれなく十銭のアイスクリームを出したんです。ところが、それでもお客様は来ない。向かい側で鈴本キネマという映画館を経営していましたが、こちらは満員なんですね。で、この入場者に寄席の入場券を配ったが、来たのは二、三人というありさま。ただより安いものはないのに、来ないときは来ないんです。とうとう父はさじを投げてしまいました。

もう万策尽きたと思ったのか、寄席をやめて植木屋をやると言い出したんです。父は昔から植木が好きで、庭にいろんなものを並べていました。私が子供の頃の広小路はすでに電車が走っていましたが、ときどき馬車が通るので、よくちりとりを持って馬糞ひろいをさせられました。朝顔の肥料にいいと言うんです。

ところが、居付きの娘である母が反対した。それで一時、家の中がガタガタしました。結局、父が折れて、もう一度考え直すということになった。いいあんばいに満州事変の頃から少しキヤキヤとくるようになり、なんとか持ちこたえることができそうな見通しがついたのでした。その後、太平洋戦争が始まってから、やはりひどくお客様の入りの悪い時期が続きましたが、そのとき一カ月間有効の百円定期を出して夢みたいに盛り返したことがありました。これは、寄席では初めての試みではなかったかと思います。

席亭の気概

ここで孝一郎の人柄を伝えるエピソードをいくつか紹介しよう（なお、孝一郎は寄席にかかわりのある人の間で、大旦那と呼ばれた）。

大正三年五月某日、鈴本亭に円右〔初代〕と小南〔初代〕がかかった。古典の円右と当時日の出の勢いの小南が出るというので、場内はびっしり満員である。ところが円右が楽屋入りしない。孝一郎はモートル（バクチのこと）だなと思い、心当たりを当たってみると案の定、ある待ち合いで開帳しているという。楽屋の者に呼びにやらせてもラチがあかないと思った孝一郎は自ら出向き、玄関から「円右師匠いるか」と大声で呼んだ。と、手でも入ったと思ったのか、そこにいた連中が二階からぞろぞろと降りてきた。見ると、神保町の川竹亭の席亭がいる。芸人がバクチをしていたら止めなきゃならない立場の席亭がやるとは！　と、カーッとなった孝一郎は川竹を殴った。

戦後、お婆さんもので一躍有名になった古今亭今輔〔五代目〕も、若い頃は落語だけでは生活ができなかった。関東大震災後、その窮状を知った孝一郎は、経営していた上野倉庫の倉庫番として今輔を雇った。初任給が三十円で、その後五円刻みに昇給して、昭和二十年には月給六十円、ボーナス百円であったという。『聞書き古今亭今輔』（山口正二著）の中で今輔はこう言っている。

「あのときに倉庫番になっていなかったら、今頃は噺家をしていなかったかもしれないし、ひょっとすると、とうの昔に一家心中していたかもしれないんです。ですから、その意味でも、鈴本の大旦那はわたしにとっては大恩人です」

小島貞二氏は『上野本牧亭由来』の中で、大旦那から聞いた話のなかで最も印象に残っているのは〝席亭の気概〟であったとし、次のように書いている。

「あの下町大空襲の直後、『貞山〔六代目〕の遺体発見！』の第一報を耳にした大旦那は、自分で大八車を引き、遺体を上野公園に運び、両大師脇の臨時墓地に仮埋葬し、身寄りの人たちの落ちつき先を調べて知らせた。貞山は芸にも定評があったが人望も高く、講談組合の頭取と落語協会の会長を兼ねていた。『寄席は芸の道場だ。大事にしろよ』と、常に若い芸人たちにいいきかせ、自らも実践した人だった。

反対に大島伯鶴は、〝世話ものの大御所〟といわれ、貞山とならぶ人気と貫禄を持っていたが、戦時中は座敷が忙しいため、寄席を無視する立場をとった。いくら頼んでも出なかった。それが終戦となり、座敷の仕事もなくなったとき、焼け跡興行中の大旦那を尋ね、『どうか出して下さい』と頼んだが、大旦那は断固拒絶した。

小肥りで大柄で、風格があり、いかにも〝ご隠居さん〟という好々爺《こうこうや》で、いつもにこやかで、語り口調もやわらかい。まさに意外とも思える芯の強さを、その話に見た」

孝一郎の思い出を神田山陽〔三代目〕師、小金井蘆州〔六代目〕師はこう話してくれた。

神田山陽「大旦那は戦前、鈴本亭の昼席を若手の落語家や、古くても売れない落語家や講談師のために開放されたことがあるんです。落語では今輔師匠、講談では人格者の田辺南龍《なんりゅう》〔五代目〕先生や桃川若燕《じゃくえん》〔二代目〕さんに交じって、当時アマチュアだった私も出させていただいた。上野鈴本といえば一流の寄席で、芸人はここに出ることを自慢にしたくらいなんです。私は端席《はせき》まわりが多かったから、大旦那から声をかけてもらえて嬉しかったですよ。その恩を感じていたから、のちに本牧亭への力添えを頼まれたとき、本気でやりましたよね」

小金井蘆州　「私が師匠の前名である西尾麟慶《りんけい》を襲名して間もない頃ですから、昭和二十五年頃だったと思いますが、本牧亭で若手のトリにまわったんです。私は当時、長脇差《ながわきざし》専門で俠客伝で売ってました。しかし、若いもんが新作をやらないとなんだかんだ常連客に言われる。で、そのとき新しがって『ジャンバルジャン』をやったんです。大旦那はそれをちゃあんと聴いている。で、『ジャンバルジャンが三度笠をかぶってるみたいに聞こえる。前席はいいから後席を変えなさい』『ハァ、さいですか』。そこで明くる日、こんだは『風と共に去りぬ』をやった。そしたら『またやったら（出演を）断る』ってんです。大旦那に断られちゃ困るんで『人生劇場・残俠編』をかけたら馬鹿に気に入っちゃってね。大旦那はよく聴いてましたよ。講談は美空ひばりと違うからそう客は来ない。それを承知で講談定席をつくったんだから、偉い人ですよ。日本一の興行師でしたね」

——戦後、昭和二十四年に鈴本の席亭の座を孫の肇に譲った後は、本牧亭のほうに力を入れてくれましたが、最晩年は悠々自適を絵に描いたような生活でしたね。ひなたぼっこをしながらよく本を読んでいました。あるとき、眼鏡をしていないので、「見えるの」って聞くと、「見えるよ」って言うんです。八十になっても眼鏡いらずですから、目がよかったんです。私も父と同じ年になりましたが、新聞くらいなら老眼鏡はいりませんね。

で、何を読んでるのかと思って覗いてみると、少年少女向けの雑誌なんです。そのとき、八十にもなろうというのにこんな本を読むこともないだろうに、と思ったんですが……きっと今の私と同じように、若い人に受けるものを知りたかったのではないかと、今にして思いますね。あるいはわからないにしろ、若い人の話だけはわかるように、と考えたんじゃないかしら。わからないというのは、寂しいですからね。

父は仕事の面では思う存分やったし、年には不足はない。でも、昭和十年に四代目になるはずだった萬亀雄に死なれ、二十一年には母に先立たれ、そして三十四年に娘の悦子を亡くしましたから、私生活の面ではどうでしたでしょう。とくに、老少不定《ろうしょうふじょう》の世の中とはいえ悦子のことは応えたと思います。「子供に死なれるのが一番嫌だ」と言ってました。

〝しほれふすや世はさかさまの雪の竹〟(芭蕉)

という句があるが、子におくれた親はしおれふすしか術《すべ》はない。おかみさんも、何かと親身になってくれたこの姉のことを話すとき、きまって涙ぐむ。

第七章　『巷談本牧亭』のこと

生き字引

『巷談本牧亭』は昭和三十七年一月から六月まで、読売新聞の夕刊に連載された。翌三十八年十二月、新橋演舞場の前進座公演で劇化され、さらに三十九年下期の直木賞を受賞するなど、日本でたった一軒の講談定席・本牧亭を舞台に、そこに出入りする人々を描いたこの作品は大きな話題となった。なかでもこの小説に実名で登場する老講談師の桃川燕雄《えんゆう》、若きプロデューサーの湯浅喜久治《きくじ》、そして本牧亭席亭の石井英子はその名を多くの人に知られることになる。桃川燕雄、湯浅喜久治、作者の安藤鶴夫について、おかみさんは次のように語る。

――燕雄さんの十八番は「寛政力士伝」や「両越評定《ひょうじょう》」などで、トツトツとした読み口でした。昔からの講談を正しく伝承した方で、ちょっと飽きるような講談でしたが、講談の生き字引で、なんでも知ってらした。人柄は、義理がたい人、一風も二風も変わった人という印象が強いですね。

『巷談本牧亭』の中に、楽屋にしらみが落ちていて、その張本人が燕雄さんだという噂が立ち、長い間本牧亭に出られなかったと書いてあります。なんだかそんな噂はありましたが、実際にしらみが落ちていたのは覚えがありません。確かに燕雄さんは格好がすごいんです。着物なんかも、いつもよれよれでね。でも風呂にはちゃんと入っている。洗濯もしている。下着が刺し子みたいになっちゃうくらいですからね。ですから、この噂はなんとも言えないんです。それでも燕雄さんは弁明をしたりしない。本牧亭に出してくれとも言ってこない。谷中《やなか》初音町の、仰向けに寝ると天井越しに月が見えるようなあばら家に、端然として座しているといった方でした。

そんな燕雄さんを不憫《ふびん》に思う人も多く、あるときお年を召したご婦人から「燕雄さんに渡してください」って着物の入った風呂敷包みを預かったので、渡すと、「ありがと

本牧亭の売店で。英子と『巷談本牧亭』の作者・安藤鶴夫

うございます」って丁重な挨拶なんです。ところがそれを着てこない。ご近所の人にあげちゃうんです。亡くなったときもいつも身につけていらした物しかありませんでした。今考えるに、人に物を貰うのが嫌だったのかもしれません。

たまたま仕事があって、それを燕雄さんに回すと、鶯谷の佃煮屋さんから煮豆とか精進揚げを買ってきたりする。「いい仕事じゃないんですから、こんなことしてくれなくてもいいんですよ」と言うんですが、必ず何か手土産を持っていらっしゃるんです。

欲がないというか、あれでよくこの世の中を生きられたというような、今の時代から考えるとウソのような人でしたね。身寄りも何もない、だから欲がなくなっちゃうんでしょうね。

最晩年に『巷談本牧亭』で有名になってもちっとも変わらない。変わったのは住まいです。あんまりみすぼらしいというので、前進座の大道具の人たちが全員で改築されたんです。それまでは板の間だけだったのを、畳を三畳敷いて、そこで寝られるようにしたと聞いています。

その真新しい畳の上で亡くなったわけですが、亡くなる二日前、うわごとで「カトウ、カトウ」と言ったとか。ちょうどテレビの『巷談本牧亭』が始まる直前で、加東大介さんが燕雄さんをやることになっていたので、加東さんのことが頭にあったんでしょうか。

この老講談師については、一龍斎貞水さんと本牧亭の支配人だった岩崎静子さんが面白い話をしてくれたので紹介しておく。

一龍斎貞水「あの先生がいなくなって我々は非常に困りましたね。あの人は学問があるわけじゃないし、字なんかひどいんですけどね、博覧強記《はくらんきょうき》でして、耳に入ったことは正確に覚えているんです。たとえば、田沼意次《おきつぐ》の話、あの中に倅《せがれ》の田沼山城守意知《おきとも》が殿中で佐野善左衛門《ぜんざえもん》に刃傷《にんじょう》され、落首ができる場面が出てきます。そこのところを読むとき、我々は講談速記本でしか覚えられない時代の人間ですから、その落首を、『剣先が田沼がかたへ辰のとし天明四年やよひきみかな』と速記本どおり読むと、燕雄先生、『若先生、あれは違いますよ。字では天明と書いてありますが、落首ですから天のところを強く読まなければなりません。つまり、天命が下ったんですから』と言うんですね。また、たとえば足利将軍が上洛した場面を読むとき、『説明の部分は〝じょうらく〟でいいが、登場人物の喋りは〝しょうらく〟と読まなくちゃいけない』こう言うんです。そのほか、名人とうたわれた錦城斎典山はここをこうやった、というようにいろんなことを細かく教えてくれた。たいへんな知識でしたね」

岩崎静子「私は燕雄さんが好きでした。ニコニコした顔が好きだったし、生《き》のまま見てくれのままという人柄が好きでした。あるとき、楽屋にお茶を持っていったときのことです。田辺一鶴さんが燕雄さんの高座着をまたいで通りましてね、『無礼者ッ』て叱られた。そんなとき、ほかの先生は黙っているんですが、燕雄さんは若手が落ち度をするとピシッと言うんです。見た目はみすぼらしいんですが、毅然としたところがありましたね」

芸術祭男

――湯浅喜久治さんはいつも青い顔をした、ちょっと病的な感じの人で、近寄ると薬の匂いがしました。なんでも戦後、ヒロポン中毒が治った後、ネフローゼという病にとりつかれたと聞いています。そういう方でしたが、戦後の寄席の歴史を語る際には、はずせない人です。東横落語会とか東横寄席などをプロデュースして、次々と賞をとられましてね。〝芸術祭男〟というあだながあったほどです。

本牧亭にもよくいらしてたので、懇意にしていましたが、あるとき「おかみさんに頼みたいことがある」と言うんです。鈴本の隣にあった煙草や化粧品やハンカチを売る店にいる女の子に結婚を申し込みたいので、連れて行ってくれってね。その女の子は、父が世話になっていた婦人の親類筋に当たる人で、きれいな子でしてね、湯浅さんはゾッコンだったんです。それで会わせたことがあるんですが、湯浅さんは普通の方ではなかったから、話はまとまりませんでした。

亡くなる一週間前にもいらして、

「おかみさん、私も落語に飽きたし、企画も尽きたから、今度は講談にしますよ。講談を盛り返すように新たに何か考えましょうよ」

とおっしゃるので、

「まあ、うれしいわ」

と言ったんです。そしたら、すぐ亡くなられた。確か三十になるかならないかですから、夭折《ようせつ》ですね。

偲ばず会

『巷談本牧亭』はしみじみとした味のある佳品だが、登場人物の大半が実名であったために当事者は当惑したようだ。とりわけおかみさんは、滅びゆく講談を守るヒロイン視されて困ったらしい。貞水師によると、この小説が舞台にかかる頃には「みっともない、恥ずかしい」という理由から木戸に立たなくなったという。いかにもおかみさんらしい反応だが、そうした心理的屈折が、おかみさんらしくない行動をひきおこす。

——安藤鶴夫さんは敵の多い方でしてね。作家の玉川一郎さんなんか第一声が悪口なんです。安藤さんは晩年、桂三木助〔三代目〕一辺倒になって、『三木助歳時記』という小説を書いていらっしゃいますが、その三木助さんの一周忌か三回忌のとき、本牧亭で「桂三木助を偲ぶ会」を催されたことがあるんです。そのとき、アンチあんつる派の人が、

「きざったらしいことをするじゃないか。てめぇの名前を売ろうてぇ魂胆にちげぇねぇ。どうだい、こっちでも集まろうじゃないか」

と申し合わせをして、本牧亭の下の食堂「ほんもく」の二階座敷に同日同時刻に集まりましてね。反あんつるののろしをあげたんです。玉川さんのほか、演芸プロデューサーの出口一雄《でぐちかずお》さん、先代の貞丈〔五代目〕さん、都家《みやこや》かつ江さん、新聞記者の富田宏さん、それに文楽さんの総勢十人くらいでしたかしら。私も調子に乗って、

「小説の中で、さも親しい間柄のように〝おひで〟なんて書かれているのが嫌ですから、私も仲間に入れてください」

と言って、加わったんです。会の名称を「偲ばず会」にしたのは、安藤さんがよく「だれそれを偲ぶ会」を催されていたことと、不忍池が近いことからとったもので、これも私の提案でした。

ただ、人の悪口を言う会をつくるなんてことは趣味のいいことではありませんからね。すぐやめようと思ったんです。そうこうしているうちに、安藤さんが亡くなっちゃって

……。本牧亭のことを書いてくださったのだから、恩を感じるのが当たり前なのに、悪口を言う会に入るなんて、先生には申しわけないことをした、なんとしても謝ろうと思いましてね。たまたま本牧亭で「安藤鶴夫を偲ぶ会」が催されて、三千子夫人がいらしたんです。このときしかないと思ったから、恥をしのんで、

「これこれこうで、安藤先生にはたいへん悪いことをしました」

と謝ったんです。顔中の毛穴が開くような恥ずかしさで、カッとなりましたね。つい、調子に乗って、不徳なことをした、ああ、悪いことをしたなと、今でも思い出すたびにいやーな気分になりますね。

ところで、前進座が劇化上演した『巷談本牧亭』は、燕雄に扮した中村翫右衛門《かんえもん》の名演技が評判を呼び、大当たりとなった。面白いのは、これに講談師がすぐ反応したことである。貞水師が「巷談前進座」を企画、燕雄が「寛政力士伝」を読み、邑井操、神田山陽師がそれぞれ「前進座旗上げ」「前進座苦闘の記」を創作口演し、河原崎国太郎《かわらさきくにたろう》が芸談「四方山ばなし」をしたが、前進座のファンと本牧亭の常連で超満員、こちらも大当たりをとった。おかみさんはこうした新しい試みが大好きだったから、このとき〈そう、これでなくっちゃあ〉と密かに快哉《かいさい》を叫んだにちがいない。

第八章　中国旅行

講談復活の兆

本牧亭が世間の関心を集めた昭和三十八、九年、おかみさんは講談振興のために次々と新しい施策を実施した。『巷談本牧亭』で話題になったわりには客足が伸びなかったからだ。なぜ、お客が来ないのか――当時、おかみさんのブレーンであった神田山陽、邑井操、一龍斎貞花〔後の六代目貞丈〕の三人は考えた。そして、次のような結論に達した。

一般に、前評判のいいもの、目新しいものにはお客が押し寄せるが、下り坂のものに関してはお客は冷淡である。だから、まず滅びゆく演芸の最後の砦というイメージを一掃する必要がある。たとえば、今後、新聞や雑誌に客席がまばらな写真を載せないようにする。また、原点に立ち返って寄席全体を見直す必要がある。たとえば、本牧亭の場所はわかりやすいか。履物を脱がなければならないのは、お客にとって面倒なことではないか。畳敷きは若い人に敬遠されないかなど。こうして、新聞などの取材記事には必ず本牧亭の地図を入れてもらう、客席に座椅子を取り入れる、冷暖房完備にするといった改善策が行われた。

さらに、お年寄りの常連や懐古派の人たちに好まれる古典的な読み物だけでなく、これからはもっと企画性で勝負していこうということになった。代表的な例を二つ紹介しよう。

一つは、立体講談。三十八年八月六日付けの朝日新聞夕刊に次のような記事が載っている（『講談昭和編年史・中期』より）。

「講談に新味を盛ろうとするいろいろな試みのうち、最近『立体軍談』というのができた。高座にひとりずつが入れ替わり立ち替わりでも曲《きょく》がないというので、東京・上野の本牧亭で、六月から月に一回始めたのが、立体軍談『春調会』――釈台を三つ並べて、三人が同時に出演するところが〝立体〟と称するゆえん。『大将その日のいでたちを見てあれば――』などと息もつかせぬシュラバ（修羅場）の長談議を、軍記ものが得意の宝井琴調《きんちょう》（後の六代目馬琴）、一龍斎貞春（後の六代目貞水）の二人がベラベラッと両側でまくし立て、中央に席を占めた神田山陽、または邑井操といった先輩がやわらかく引きとって話をつないでいくという趣向。六月に『川中島合戦』、七月に『本能寺の変』を出して大入りだったので、同亭は八月十三日夜の〝民族芸能を守る会〟にも本能寺の立体講談を再演することになった」

二つめは、バラエティ形式の「これが講談だ」。三十九年一月二十一、二十二日の両夜催されたときの中身は――まず宝井琴調が浪人侍の扮装で講談ネタとしては最も古い部類の「曽我兄弟の仇討」をやる。次いで燕雄が政道批判の講釈をやったという設定で、高座の後ろから十手、捕り縄の役人が出てきて燕雄を連れ去る。そして、チョンマゲ姿の一龍斎貞花が「東照神君」、神田光庸〔後の六代目伯龍〕が「小猿七之助」「いかけ松」の世話物を読む。神田山陽が伊藤痴遊型の政治講談を真似て演説する。このほか、神田ろ山〔二代目〕の「森の石松」、レコードで聴く一龍斎貞山〔六代目〕、大島伯鶴の名口演と続き、最後に一龍斎貞春の歌謡講談「王将」という構成で、邑井操が司会・解説を担当した。

どちらも予想外の好成績をおさめたため、おかみさんと三人の講談師は自信を深め、この頃、新聞社まわりまでしている。新企画のピーアールと、演芸担当記者の講談に対する認識を深めてもらうためである。こうした努力は着実に実っていった。ひと頃は三十人を割ることのほうが多かった客も、三十九年には四、五十人は入るようになったのである。

この頃の東京の町は高速道路が建設されるなど活気に満ちていたが、反面、世相は軽《けい》佻《ちょう》浮薄《ふはく》な空気に覆われていたような印象がある。バラエティショー、トークショー的な形式が受けたのは、こうした世相も関係があるかもしれない。

ともあれ、この年の十月、おかみさんにエアポケットが訪れる。中国人民対外文化協会の招待で、十月二十四日から二十七日間、中国を旅行することになるのである。

中国の講談

昭和三十七年、高倉テル、加太《かた》こうじ、林家正蔵（彦六）、岡本文弥、田村栄が発起人となって〝民族芸能を守る会〟が結成され、その例会が毎月本牧亭で開催されていた。日本の伝統的な大衆芸能（とくに寄席演芸）を芸人、愛好家、研究者が一体となって継承・発展させていくことを目的としたこの会におかみさんも参画、食堂「ほんもく」で開かれる番組会議に加わっていたが、あるとき中国のことが話題になった。その折り、軽い気持ちでおかみさんが「生きている間に一度中国に行ってみたいわ」と言ったのが、中国旅行のきっかけとなった。二十五年のレッド・パージ後、一時期、中国にいたことのある会長の高倉テルがお膳立てをしたのである。

――「民族芸能家による日中交流を目的とした中国旅行を企画したので行きませんか」と、高倉テルさんからお話がありましたが、私は共産主義者でも社会主義者でもないし、中国という国について皆目知識がないでしょ。だから最初はご遠慮したんです。そしたら「物見遊山《ものみゆさん》のつもりで行ってらっしゃい」とおっしゃるので、じゃあ行きましょう、ということになったんです。メンバーは団長が小生夢坊さん、副団長が岡本文弥さん、それに浪曲の木村重松《しげまつ》さん、講談の一龍斎貞花さん、〝民族芸能を守る会〟事務局の田村栄さん、私の六名でした。

当時は中国との間に国交がなかったので、まず羽田からホンコンに向かったんですが、おかしかったのは文弥さん。先生は飛行機が初めてで、「富士山が見えますよ」と教えたら、「どれ、どこに」って立ち上がろうとして、「変だ。体が動かない」って首をひねっている。見ると安全ベルトを締めたままなんです。これには一同大笑いでした。

旅程はホンコンから広州、北京、南京、蘇州、上海、杭州、そして広州、ホンコンの二十七日間で、その間、見るもの聞くものすべてが珍しく、たいへん楽しい旅でした。

広州では文化公園に行きました。ここは十三もの舞台があって、毎晩、人形劇とか漫才、歌などをやっているほか、いくつも展覧会場があって、私たちが訪ねたときは菊花の展示会をやっていました。亜熱帯気候で暖かいせいか、毎晩、何万人もの人出があるという話でしたね。帰りには孫中山《そんちゅうざん》記念堂でバレエ「白鳥の湖」を見ましたが、小生さんがレベルの高さにえらい感心しましてね。十年足らずでこれだけになったのは指導者がいいからだ、我々も考えなければいけないなんて言ってました。

北京は滞在期間が一番長く九日間いましたから、ずいぶんいろんなものを見学しました。天安門、故宮博物院、明の十三陵、万里の長城、蘆溝橋の人民公社、北京動物園、北京駅、中国革命博物館……。故宮は明・清時代の皇帝の住まいで、その広さったらないんです。皇帝一族が使用していたと言われる宝物や生活用品を見て回りましたが、何の予備知識もないでしょ、もったいないことをしましたね。十三陵では定陵を見ましたが、これにも本当に驚きました。丸ビルの何倍もあるという深さの地下に大理石の宮殿があるんです。皇帝の死後の宮殿ということでしたが、こうした規模の建物をつくるのにどれだけの人間が使役されたのかを考えさせられましたね。万里の長城は月から見える地球上唯一の建造物だそうですが、八達嶺《はったつれい》に行ってみるとなるほどと思いますね。険しい山の上にレンガづくりの長城がどこまでも続いているんです。文弥さんは感激したのか、下駄を脱いで足袋《たび》はだしになってひとり望楼に上っていくんで、私もあとからついていったんです。上にあがると息もつけないような強い風が吹いていましてね。文弥さんいわく、「蒙古のほうから吹いてくるみたいで気味が悪い」

北京駅にも驚きました。何省行きというように行き先別に待合室がある。幼児連れの母親が待ち時間を過ごすための託児所がある。劇場もある。汽車に乗る人と降りる人とはコースが違うようになっていて、混雑しないようになっている。感心しました。それと、うらやましいなと思ったのは劇曲学校です。九年制で小学校四年から入れるんですが、試験がありましてね。これが何万人の中から何百人というものすごい競争率なんです。全員が寄宿舎生活をしながら一つの芸だけでなくさまざまな芸を習うわけですが、文学や政治も勉強するので生徒のレベルが高くなって、自作自演のできる若い方が誕生するというんです。ただし一年経って資質がないと判断されると元の学校に戻されますが……。こうした学校が全国の大都市はもとより中都市にもあるんです。このほかに曲芸工作学校（寄席演芸学校）というのもあって、しかも働いている人のために夜学まであるのにはびっくりしました。

この芸人養成学校にいたく感銘を受けたらしく、おかみさんは帰国早々に行われた座談会「民族芸能家・中国の旅」（「文化評論」昭和四十年新年号所載）の中で、今後の抱負を概略こう語っている。

「私たちには経済が根本にありましてね。それさえ許せばすぐにも講談の養成所を作りますけどね。個人じゃなかなかできないんですよ。今はもう講談の先生というのは、失礼ですけどね、変わりませんけれどね。若い方には、話術だけでなく、ほかにいろいろな知識を持って欲しいんです。そうすれば講談の位置が自然に上がってきますし、面白いものができると思うんです。そのことは昔から思っていたんですけれど、中国に行ってつくづく感じました。ああした養成所があれば芸人の資質を伸ばせるんです。経済のことで、今はやりたくてもできない。でも、来年からは息子に本牧亭の事務的なことを任せ、私は芸人の養成といったことに限らず、周りのことをやっていきたいと思っています」

――北京から南京まで汽車で二十三時間。行けども行けども畑でしてね、貞花さんにブウブウ文句を言われました。というのも飛行機で酔って、ちょっと怖くなったので、私が汽車にしてもらったからです。南京は非常に講談の盛んなところでして、男の講談師が百人くらい、女流が十数名いると聞いてびっくり。やり方は日本とほぼ同じで、違うのは釈台でなくテーブルを置き、椅子に座ってやること、張り扇でなく墨の形をした石を使うことくらいでした。言葉がわからないのでなんとも言えないんですが、石をポーンと入れる個所も日本の場合と変わらない感じがしましたね。貞花さんも「我々が戦闘場面でやるような、ポーン、ポーン、ポーンと重ねて打ち込むことはしないが、場面転換だとか話の注意所に入れる点は同じ」と言ってました。

講談のことを中国では〝評話〟と言いますが、蘇州で聴いたのは男の子三人でやる〝かけあい講談〟で、文弥さんも貞花さんもえらく感激しましてね。芸人さんは、言葉はわからなくても芸のよしあしはわかるんですよね。

「かけあい講談、これは参考になりましたね。十四歳と、十五の子供が二人テーブルのわきに座って、真ん中の子も座って、『知謀をめぐらして威虎山をのっとる』という、あれは『林海雪原』のネタで、それぞれ会話の受け持ちを決めておいてね、それで自分のところにくると扇子や石をポーンと叩いてはじめる。扇子の使い方なんかも、大きな扇子でね、それが一人ずつにおいてありましてね、テーブルの上に鉄砲をかまえるところはかまえる格好をしてね。それで一人が喋るときに、二人がよく自分を殺しているんですよ。邪魔にならないようにね、じっとしているんです。あれは非常につらいんです。我々がやってみると、いてもたってもいられないんです。それを一人を浮き彫りにして、実にうまくやっていました。これは日本にぜひとり入れたいと思います」（「文化評論」座談会中の貞花師の話）

——その蘇州では書場《しょじょう》（寄席のこと）の経営者と話し合う機会がありました。その方の書場は国営だそうで、全員が給料を貰い、入場料は国に出して、経営者はお客様にどういうふうにしたら満足をしてもらえるか、芸人さんに気持ちよくやってもらうにはどうしたらいいか、を考えればいいと言うんです。書場の質を高めることだけを考えればいい、他のややこしいことに思いわずらうことがないという点、本当に羨ましいと思いましたね。その方は前にお父さんが書場をやっていらして、一度やめて小さい書場を別の場所につくられたらしいんです。その間、その方は工場で働いていたそうで、やらないかと言われてここに回されたと言っていました。ご主人はと言ったら、芸人です、というんですね。私と境遇が同じなんです。おいくつなのか、たいへん若くて可愛い方でした。

この蘇州は詩情のある町でしたね。「天に極楽あれば、地に蘇州、杭州あり」とうたわれただけのことはあると思ったものです。市内には縦横にクリークが走り、石造りの太鼓橋がかかっている。絵心のある人なら画材に困らないと思いますね。私たちが泊まった蘇州飯店でも感激しました。朝起きて窓から見下ろすと、池が朝もやに煙って、その景色があんまりきれいなもんで、この情景を誰かに知らせたいと思い、手紙を出したことのない私が姉の貞子と友達に絵ハガキを出したんですからね。その友達なんか、「鈴木さんからハガキをもらうなんてことは前代未聞のことだから、今でも大事に取ってあるわよ」

と、先日会ったときに言ってました。

この後、上海、杭州と回ったわけですが、上海では少年宮が印象的でした。週二回、放課後にここに集まって、専属の教師の指導の下に絵を描いたり、歌を唄ったり、サークル活動をするんですが、みんなのびのびとして、キラキラ輝いていて。中国の子供は世界一の子供になる、というのが私たち全員の感想でした。

杭州は風光明媚の一語に尽きますね。泊まったホテルが西湖の辺《ほとり》に建っていて、朝、バルコニーに出てみると、眼下の西湖に靄《もや》がたなびいていて素晴らしい景観なんです。貞花さんによると「もう死んでもいい」と私が言ったそうですが、覚えがありませんね。見てきたような嘘を言うのが講談師ですから、これも眉唾《まゆつば》臭いですね。

実は私、中国に行く前に子宮脱というなんとも色気のない変な病気になりましてね。命に別状はないというので、中国へ行ったんですが、この病気はお小水をこらえられないんです。そんな体でしたから、ホテルにいるときはいいんですが、外に出かけるときはいろんな支度をしなければならないんです。それに、ご承知のとおり中国の公衆便所は仕切りがないんで困りました。表から中がまる見えのところもあって、やむなく小生さんや文弥さんに後ろ向きに立ってもらって、ということもありました。

中国に行って、人々が新しい国を誇りに思い、喜んでいることを肌で感じました。また接待に当たってくださった芸人さんや通訳の方たちがみなさん気持ちのいい方で、ひとつの町を去るときはお互いに泣きの涙でした。四半世紀も前のことですが、こうしてお話ししていると、あのときの人々の顔がありありと思い出されて懐かしいですね。

第九章　鉄筋ビルの寄席に

芸能企画室

中国から戻った後、おかみさんは寄席経営に新たな意欲を燃やしはじめる。たとえば昭和四十年一月から、それまでは夜バラバラに催されていた講談の会をすべて中席に集中して、毎月十一日から二十日までの夜は必ず講談が聴ける体制にしている。また若手の育成策として、各流派の長老が自派他派に関係なく自分の持ちネタを若手に教えることを提案。さらには、講談組合と相談して、新入りがないために長年前座を余儀なくされてきた一龍斎貞春〔後の六代目貞水〕、宝井琴調〔後の六代目馬琴〕らの準真打ち昇格披露目を行っている。万年前座では高座への意欲も衰え、講談界にとってマイナスと考えたのである。

おかみさんはまた、この年の三月、本牧亭を法人組織にし、スバル興行に勤務していた娘婿の清水基嘉さんを呼び寄せ経営の実務を委ねるなど、長年の赤字経営立て直しを図った。翌四十一年に清水さんの発案で設立された本牧亭芸能企画室はその一環で、催し物の企画から芸人の斡旋までを行うことにより、少しでも赤字をカバーしようというものであった。

――それ以前にも芸人さんの斡旋依頼はあるにはあったんです。しかし、それで売上げがどうのこうのということは考えませんでした。講談師の方にいくらかでも足しになればいい、講談への理解が深まるキッカケになればよい、ぐらいの気持ちでしたからね。いわばサービスの一つです。清水はこれをビジネスにすべきだと考えたわけですが、これは当たりました。手数料程度の収入でしたが、赤字を埋めるのに少しはプラスになったと思います。清水の友人で電通や博報堂に勤めている人がいて、その関係でたとえばデパートで何か催し物があるときとか、地方の新聞社でイベントを打つときに芸人さんを世話する、といった仕事が増えましてね。ただ私はマネージャー失格でしたね。何度か講談の方を連れて地方へ行きましたが、現地でいる場所がなくていたたまれないっていうか、とても嫌なんです。それで仕事を取ってくるのは清水、芸人さんを連れて行くのは孝子になりました。芸人さんを抱えているプロダクションのような利益はありませんが、仕事だけは今もけっこうやっているようですよ。

講談界も熱気があった。前述のとおり、三十九年という年は長い間斜陽の一途を辿っていた講談界に薄日の差した年であった。『巷談本牧亭』のおかげで本牧亭の名前が広まり、加えて「これが講談だ」や邑井操の企画・構成になる「皇室アルバム」、「世界名作講談の会」などの特集企画、田辺南鶴《なんかく》（十二代目）の「講談学校」、一龍斎貞鳳の「みんなの講談」といった催しが受けて、本牧亭の昼席の客も以前の倍に増えたのである。

この勢いは四十年、四十一年と続いた。当時、講談師の数こそ二十数名と少なかったが、一人ひとりが持ち味を発揮して高座にバラエティがあり、そのことが話題となってお客を呼んだと言っていい。

たとえば、神田伯山（五代目）は大正十三年以来、読み継いできた「大菩薩峠」を完成、その重厚な芸風は一部ファンによって熱狂的に支持された。一龍斎貞丈（五代目）は「義士伝」などの古典の他に新作をよくし、新作発表百回記念公演を本牧亭で行った。神田ろ山（三代目）は松本清張の作品を講談に取り込み、邑井操と伊藤痴遊は現代の話を講談化し〝ニュース講談〟という分野を確立、ともに新しい客層を開拓した。マスコミの売れっ子、一龍斎貞鳳も「みんなの講談」などを通して講談への注目度を高めることに尽力した。このほか、修羅場（軍談）読みの第一人者だった馬場光陽《こうよう》が高座に復帰、また若手の貞春（後の六代目貞水）・琴調（後の六代目馬琴）・一鶴がトリオ・ザ・コウダンを結成するなど新風を巻き起こした。

このように、講談師は講談の活性化に向けて意欲的に取り組んだのだが……早くも四十二年には企画中心の行き方に行きづまりを見せるようになる。四十三年二月六日付けの産経新聞夕刊には、「本牧亭が悲鳴　赤字経営、現状では自滅へ　正月上演も平均三七人の入り」という見出しで、次のような記事が載っている（『講談昭和編年史・中期』より）。

「……このほど講談組合（組合員二十五人、頭取一龍斎貞丈）に対して『このままだと来年から講談の上演は、経済的にむずかしくなる』と申し入れ、講談界に大きな衝撃を与えている。本牧亭では、昨年末にも講談組合に『四十三年から、二十日間の定席を十日間に減らしたい』といって、組合側をあわてさせた。このときは、組合側が『削減される十日間は、小屋借りの形にして自分たちで責任をもつから、日数だけは従来通りにしてもらいたい』と懇請、その結果、本牧亭でも、実施を一年間見送る約束をして年を越したのだった……組合側では……これまで滅多に開いたことのなかった組合の会合を、毎月一回は開く

楽屋で語らう長老、邑井貞吉（左）と神田松鯉

ことにして、全員が集まり、本牧亭をまじえて危機打開策を討議している」

　特別企画が受けることから立川文庫シリーズを展開するなどしたが、お客を増やすには至らなかった。加えて、四十三年には実力も人気もあり固定ファンを持っていた田辺南鶴、一龍斎貞丈が相次いで他界、四十年の邑井貞吉、木偶坊伯鱗《はくりん》、四十一年の一龍斎貞山〔七代目〕、四十二年の神田松《しょう》鯉《り》〔二代目〕らとともにこの二人の死は、講談界にとって大きな打撃となった。

　その後、講談界では組合を解消して講談協会を設立。会長に宝井馬琴〔五代目〕が就任して講談再生へ向けてさまざまな活動を展開したが、退潮をくいとめることはできなかった。

来日中のサルトルが本牧亭を訪問したり、四十四、五年に田辺小鶴《こづる》〔後の神田翠月《すいげつ》〕、田辺千鶴子《ちづこ》〔後の二代目宝井琴桜《きんおう》〕、田辺夕鶴《ゆうづる》〔後の天《あま》の夕《ゆう》づる〕ら女流講談師が誕生するなど、本牧亭と講談界は常に話題にこと欠かなかったが、お客の入りは悪かったのである。四十六年頃には一日平均三十人、悪いときには五人という日もあり、金看板の馬琴、伯山クラスで八十人という入りだった。

そうした状況のなかで、本牧亭は全面改築されることになる。四十七年の二月から休席となり、その年の十一月三日に落成するが、改築に踏み切った狙いは貸しホールとしての設備の充実を図り、経営を立て直すことにあった。四十六年の初め、講談定席の看板をおろしたために講談協会との間にいざこざが起きたが、この新本牧亭では一日から十二日までの昼席と、一日から五日までの夜席、合わせて十七席が講談定席として残ることになった。

「昭和二十三年から二十数年間、及ばずながら講談のために尽くしてきたので、このまま講談から手を引いてしまうのは忍びなくて……」

というおかみさんの気持ちを、社長代行の清水さんが汲み取ったのである。貸しホール専門のほうが儲かることはわかっていても、おかみさんにはできなかったのである。

建物は間口十二メートルの二階建て鉄筋造りで、一階が日本料理「ほんもく」、二階が本牧亭。外装は黒を基調にして鉄筋の感じを抑え、場内は和洋折衷であった。入口に向か

昭和47年に鉄筋ビルに改築。木戸には下足番の勝ちゃんが座っている

って右端にテケツが出張り、中に入ると右手の壁にそって下足箱が並び、階段を上がると道路に面したほうがロビーで、奥に向かって客席、高座、その後ろ左手に楽屋と、それまでとは高座・楽屋の位置が反対になった。また、客席は四十畳の畳敷きで二百人収容、高座はヒノキ造りで間口八メートル、奥行き四メートル、天井高四メートルとグッと広くなり、楽屋も十二畳二間と格段に使いやすくなった。このとき本牧亭正面入口の扁額も新しくした。揮毫《きごう》は当時〝孤狸庵〟ブームで人気の作家、遠藤周作氏に依頼している。

この改築でおかみさんの住まいは屋上に移った。

「もう建物がないので白状しますけどね、本当は住まいにしちゃいけないんです。で、物置として登録し、外形をコンクリートの箱にしましてね、むろん中は部屋らしくして住んでいました。広さは十坪くらいでした」

窓からは灰色の建物しか見えないこの部屋に、おかみさんは休席に至るまでの十七年間を過ごすことになる。

御意見番

——この四十七年に次女の久子が結婚して、東大の裏手にあるアパートで暮らしていたんですが、大家さんのお嬢さんが戻るので出てほしいと言われましてね。この屋上の部屋で一緒に暮らしていたことがあるんです。新婚の夫婦と私でしょ。部屋は二つありましたが、襖一枚で仕切ってあるだけで、狭いところですからね、気を遣っちゃって。弱ったな、若い人には気の毒だなと思っていましたが、そのうちに子供ができて、できてもまだいたんです。それからはそう気兼ねしなくなりました。

屋上は割合広かったので、部屋に一匹、屋上に二匹、犬を飼っていました。部屋犬は純然たるミニダックスのオスで、長女の家で生まれたのを引き取ったんです。屋上のほうの犬は最初は一匹で、次女が近所のスナックに捨てられていた小犬をかわいそうだといって拾ってきたんです。これは雑種でメスなんですが体が大きくなりましてね。あるとき、この小さいダックスフンドと大きいほうとがかかっちゃった。メスのほうが何倍もの大きさでしょう。みんなで上手にかかったもんだって笑ったものです。父から「客商売は犬・猫を飼ってはいけない」と言われていたので、それまで飼ったことがないんですが、飼ってみると可愛いものですね。ただ、犬は飼い主に似ると言いますが、本当。ミニダックスはいい形の犬でしたが、私が食いしん坊でやたら食べ物をやったのでデブデブになっちゃいました。

この新本牧亭以後、実質上の経営者は清水さんになり、おかみさんは第一線から退いている。「私は何かあると表に出るくらいで、清水とテケツで支配人の岩崎静子さんの二人に任せましたから、何もお話しすることがないんですよ」とおかみさんは言う。「何か事が起こると」とは、たとえばこんなことである。

四十八年、講談協会は二つに分裂する。その原因となったのは、天の夕づるのポルノ講談だった。高座で太股を露わにするなどもってのほかと言う一派と、問題視するには及ばないとする一派が対立、それぞれが講談組合、日本講談協会をつくったのである。たぶん分裂する前だと思うが、おかみさんは意見を求められたという。

「あのときはハッキリ言いました。ポルノでも、見て〝ああ、きれいだ。いい姿だな〟っていうんなら、まだいいと。ところが、長襦袢《ながじゅばん》になるまでやるんですが、襦袢が不粋で汚らしくて、絵にならないんです。〝嫌だな、汚いなあ〟って感じしか受けない。照明装置があるわけじゃないから、舞台面が汚くなっちゃうんですよ」

こうしたとき以外は、一切口出ししなかったという。これは日本料理の店についても言えた。人を信頼して全面的に仕事を任せ、その結果の責任を一身に負うことが人使いのポイントだが、世の中、これができる人は少ない。おかみさんにそれができたのは、幼い頃から父・孝一郎の人の使い方を見てきたからだろう。

ともかく、新本牧亭になってから、貸し席は予約しようとしてもなかなかとれないというくらい人気を呼んだ。畳敷きと庭のある寄席が、伝統芸能を演じる場所にふさわしかったためである。日本料理の店も好調だった。しかし、肝心カナメの講談は人気を回復するには至らなかった。月に三十日だった講談昼席は最後は五日と、完全に寄席の中の一つの演芸という位置にまで衰微したのだった。なお、本牧亭での入場者の最高記録は五百人。これは山田五十鈴が天才音曲師・立花家橘之助《たちばなやきつのすけ》を演じた「たぬき」のときの数字である。むろん、これが貸し席であるのは言うまでもない。

第十章　休席の顚末

平成二年一月十日

平成元年三月二十日、読売新聞夕刊社会面に「唯一の講談定席　上野本牧亭　今年限り閉鎖」と題する記事が載った。その内容を要約すると、おかみさんに万一のことがあったときには多額の相続税を払わなければならないこと、講談定席は日曜でも二十人、平日は五～六人という不入りであること、貸し席があっても寄席だけでは赤字のため料理店と芸人斡旋でカバーしていること、こうした現状では閉鎖せざるを得ないというのである。

この記事は大きな波紋を呼んだ。この新聞発表から十一日後に三遊亭円楽〔五代目〕の若竹、平成二年に池袋演芸場が閉鎖されているが、本牧亭ほどの騒ぎにはならなかった。これには次のような理由が考えられる。本牧亭が日本で唯一の講談定席であったこと、若者の間ではすでに死語になっている〝講談〟という伝統芸能を、戦後四十年間守りつづけてきたのが石井英子という女性であったこと、そして昔ながらの畳敷きの席であり郷愁を感じさせたことなどである。記事は「東京からまたひとつ〝江戸〟が消える」と書いているが、本牧亭は戦後東京から次々と消えていった文化の象徴と見なされたのである。

――本牧亭の土地を売却するという話は、昭和六十二年頃に一度ありました。ある建設会社の方が「広小路の通りのほうから土地を購入できれば、高い建物を建てられるし、エレベーターもつけられる。そうすればそのビルの中に本牧亭も入ってもらう」と言うんです。たいへんいい話なので乗り気になったんですが、残念ながら動かない方があって、その会社では手を引かれたんです。それからしばらくして清水から話を切り出してきました。清水も言い出しにくかったらしいですね。私も、私が死んだ場合、百十坪の土地が私の個人名義になっているため、相続税が少なくとも五億とか六億とかになることは耳にしていましたからね。清水に、

「講談もこういう状態だし、ここでやるからお客様が来てくださるわけでもないだろう

から、あなたの考え通りにやってちょうだい。私も相続税のことは前前から心配していたんだから」

と言ったんです。

こうした話は以前、四十七年に鉄筋ビルに改築するときにも話したことがあるんです。

「講談定席を続けても、これからどうやっても採算はとれないだろうから、私が生きている間に考えてみては」と。

私が元気なうちなら私の意見で閉鎖したことになるけど、私が死んでから閉じると、

「親がいなくなると、やっぱりもたないね」

と世間からいろいろ言われるのが定法《じょうほう》ですからね。

三十六年に父が亡くなった後、相続税を払い切るのに十年かかりましたが、今は当時に比べるとべらぼうに地価が高騰して相続税の額もけた違いですからね、払うのはムリ。休席を決意する少し前に試算してもらったら、なんと十億くらいになりそうだというんですから。

休席が決まるまでには、家族の間で深刻な葛藤があったと、おかみさんは言う。六十年ほど前にも同じようなことがあった。父・孝一郎が鈴本亭を廃席にし植木屋に転向すると

言い出して、母・亀久ともめたことは前に述べたとおりである。当時のおかみさんは言うまでもなく娘であり、なりゆきを傍観しているよりなかったが、今度は自分で結論を出さなければならない立場にあった。

——土地を売却する話は、私と清水夫婦と相川夫婦で話し合って決めたんですが、相川（正年《まさとし》氏、久子さんの夫）は反対でした。今の時代は、東京で何か商売をしようと思うなら土地を手放すべきではない。あの土地を持っているから銀行もいろいろ相談にのってくれるのだから、同じ場所で何かをやってみたらどうだろう、という意見なんです。それで一階を改造して何軒かにして、それを貸し店舗にすることも考えたんですが、変な形の土地なのでうまくいかない。むろん、清水のほうは土地を売って別の場所で本牧亭を再開するという考えです。娘はそれぞれ主人について、意見が二つに割れたんです。で、結局、私が決定しなくちゃならないんですが、どちらの言い分も正しいのでどういうふうに言おうかなと。ストレートには言えないし、真ん中でもやもやして……父がいればズバッと決まったと思います。言うべきことは相手が誰であれビシッと言う人でしたからね。私は年だけとっていても、なかなか両方が納得するような名案が浮かばなくて、辛かったです。

悩みに悩んだ末、おかみさんは場所を変えて本牧亭を再開することを前提に、土地を売ることにしたのだが……講談師には寝耳に水の決定だったから衝撃を与えた。

――講談協会の幹部の方に集まってもらって話をしたんですが、新聞報道の後だったもんだから、会長の神田山陽さんが怒りましてね。こんな重要な問題を協会にひと言の相談もなく決定し、世間に公表するというのは筋の通らないやり方だと言うんです。また、その席である講談師が清水に無礼なことを言ったものだから、清水もカッとなって、「プライベートなことは関係ないでしょ」

と、やり返すひと幕もありました。

清水にしてみれば、第一にお金の問題だから協会に相談しても力になってもらえないし、経営問題でよそさまに迷惑をかけるわけにはいかない、自分で処理しなくてはならないという頭があったと思うんです。お互いに感情的になりましたが、いったん閉鎖せざるを得ないことについては、山陽さんはじめ講談師のみなさんに理解していただきました。

その後、閉鎖に至るまでのことについては、マスコミでたびたび取り上げられたのでご承知のとおりです。どこの寄席でもなくなるというと、お客様が来る。古い常連さんが遠くから来たりして、本当によく入りました。皮肉なものですよね。慶応年間に創業された人形町末広が四十五年に閉席になったときも満員でしたね。確か五日間、円生〔六代目〕さんがトリでやりましたが、私も見に行きましたから知っています。あちらも気の毒なんですよね。あちらは借地だったんです。地主から欲しいなら買ってくれと言われて、それでやめられたんです。息子さんも後を継ぐ意思がないし、間もなくして石原さんが亡くなられた。今は娘さんが芸人さんの斡旋などの仕事をやっていらっしゃると聞いていますが……。

当初の予定では、平成元年の十二月いっぱいで閉鎖することになっていたが、桂米丸〔四代目〕落語芸術協会会長の要請で、平成二年の初席をやって閉めることになった。ここで「上野本牧亭名残記念公演」と銘打って催された番組を紹介すると――
本牧亭の自主興行としては、十二月三日昼席の漫才協団・演芸協会合同の公演、同月十一日夜席の大学落語名人会、十二日夜席の大正寄席〔企画・構成、石井英子〕、平成二年の一月六日から九日まで毎夜、談志・円楽・木久蔵〔後の木久扇〕・歌丸の一門会が開かれた。このほか、落語芸術協会の公演が元旦から五日まで、講談協会の公演が六日から九日まで毎昼催された。そして——十日夜、神田山陽〔二代目〕、小金井蘆州〔六代目〕、一龍斎貞丈〔六代目〕ら講談協会所属の講談師三十四人が総出演し、つめかけた三百人ちかい講談ファンを前に本牧亭での最後の口演を行った。

この本牧亭の閉鎖は講談師だけでなく、ここを拠点に長年活動を続けてきた新内語りや義太夫語りの人々をもがっかりさせた。ここが人生のすべてであった本牧亭の人々の思いは、それ以上だったのは言うまでもない。おかみさんは言う。

「最後の夜、私は緊張していたからか、涙は出ませんでしたが、孝子は泣いたようです。いつもケラケラしているから泣くとは思っていなかったんですが……。私に泣き顔を見せまいと思ったのか、講談の方と飲みに行って、目を真っ赤にして戻りましてね。今日はここに泊めさせてちょうだいと言って、私の部屋に泊まっていきましたよ」当のおかみさんは取材されるたびに「寂しいけど時代の流れ、しかたがない」と答えている。その話し方には、感傷に耽《ふけ》ることよりこれからどうするかを考えることのほうが大事、という響きがある。そう、本牧亭の四十年を通しておかみさんが学んだことは、常に前向きの姿勢で生きようとする意志の大切さであったと言っていい。「しかたがない」という言葉に吹っきれたものさえ感じられる。

社長の清水さんは閉鎖後半年ほどしての感想だが、

「ぼくが本牧亭の経営にタッチしなければよかったかもしれない。男がやるとつい規模を大きくしたがる。そうすると借金しなくちゃならないし、雰囲気もこわしちゃう。それより、おかみさんと娘とで、こぢんまりとした寄席で昔流にのんびりとやってきたほうがよかったかもしれない。そんな思いもありますね」

としみじみとした口調で話してくれた。

文字どおり、本牧亭とともに歩んできた支配人の岩崎静子さん、下足番の中村勝太郎さん、びら字の久井田辰雄《くいだたつお》さんらの心境がどうであったかは、語るまでもないだろう。

一月十日は朝から小雨が降っていたが、午後三時には上がった。客席は本牧亭の最後を見届けようというお客で満杯となった。次々と講談師が高座に上がって熱演、トリの神田山陽師が十八番の「青龍刀権次《せいりゅうとうごんじ》」を読んで、公演は終わった。最後に、講談師全員とおかみさん、清水社長らが高座に上がり、山陽会長が「我々の講談は本牧亭が育ててくれた」と挨拶、手拭まきのあと、三本締めで締めくくった。

四十二年間、多くの人に親しまれてきた本牧亭はこうして幕を下ろしたのである。

蛇足になるかもしれないが、ここにタウン誌「うえの」に載った二つの文章を紹介したい。一つは、子供の頃から本牧亭に通い、昭和五十年代の半ばから毎月一回、本牧亭で

「地球寄席」を開いてきた永六輔さんの「本牧亭は生きている」と題した文章の一節である。もう一つは、本牧亭を撮りつづけてきた写真家の原義郎さんの「本牧亭」と題する随筆の中の一部分である。

永六輔「固定資産税ひとつをとっても、本牧亭のこの場所は、芸人を育てているところです。利益はあがらないんです。商品を売って稼いでいるところと同じ税率というのはおかしい。育てているんだから、農地と同じです。東京の真ん中かもしれないけれど農地なみの課税なら運営も楽なんです。浅草の木馬亭《もくばてい》も悪戦苦闘しているけれど、あそこも見れば見るほど農地ですねぇ。これが筋の通った意見でしょう。いまは講談は商品ではありません。客がどんどん来るものではない。縁側の盆栽みたいなものなんだから、それに都市なみの固定資産税かけるのは酷です。九十五歳の岡本文弥さんの新内という至宝が、せっかくここで聴けるものを、来年からは消えます。はいさよならなんてそんな馬鹿げた損失はないでしょ」

原義郎「本牧亭取毀《とりこわ》しの報が流れた後の最初の『貞水独演会』が五月十三日にあった。いつもより少し早めに入ったのだが、もう既に貞水が高座に上っていた。ちょうど本題に入る直前で、『今日のこの羽織は本牧亭のおかみさんの御亭主（一つ毬の名人）春本助治郎さんの形見で、おかみさんから、今日はぜひこれを着て高座に上ってほしいと頼まれた』というようなことを話しながらゆっくりとその羽織のひもをといてから本題に入っていった。人生の大半を本牧亭と共に歩んできたおかみさんの心境を、外側の私ごときが解る筈もないが、その時は何かおかみさんの心の一端をかいま見たような気がした」

勝ちゃんの死

席を閉鎖して間もない平成二年三月三十一日、本牧亭の名物男、下足番の中村勝太郎さんが忽然とこの世を去った。八十六歳だった。

一年前、読売新聞に本牧亭閉鎖の記事が出たとき、勝太郎さんはケイレンを起こして救急車で病院に運ばれ、一週間入院した。終《つい》の棲家《すみか》と思い定めていた本牧亭がなくなることにショックを受けたのであろう。

しかし、その後は気を取り直して、閉席までいつもの「いらっしゃい」の掛け声をかけていた。一月いっぱい本牧亭に居残り、その後、岩崎静子さんの奔走で老人ホームの空きができるまでの一時の施設・潮見寮に入った。「話し相手もいるし、外出も自由で、馬券が買いに行けるので、気分がいい」と言っていたとか。ところが、ここが閉鎖になるので暫時ということで、三月二十九日に牛込寮に移った。その翌日、つまり死の前日、湯島の切り通しにある本牧亭の事務所に、清水社長を訪ねている。

——あいにくと清水がいなかったので、何か用があったのか、ただなんとなく訪ねたのか、今となってはわかりません。もしかしたら虫が知らせたのかもしれませんね。田辺一鶴さんが「うえの」に勝ちゃんのことを書いてくださっていますが、それによると事務所には寺田さん（支配人）しかいなくて、

「もうじき社長戻ってくるから、待ってなよ」

と言うと、黙って社長室に座っていたそうです。あんまり喉をゴロゴロいわせるので、

「煙草ののみすぎじゃないの」

と声をかけると、「吸っちゃいないよ」という返事。清水がなかなか戻らないので帰ったんですが、灰皿を見ると吸い殻が八本入っていたそうです。

その翌日でしょ、寺田さんもびっくりしていました。

話では、朝、トイレに行ったと思ったらドタッという音がした。駆けつけてみると、ドアの前で倒れていて、すでにこと切れていたそうです。一応、救急車で病院に運んだ

とのことでしたが、事務所には牛込署から連絡があり、私と久子と木久ちゃん（林家木久蔵）のおかみさんと清水の妹の四人で行くと、すでに検死も終わり、遺体安置所に寝ていました。年が年ですからね、患っても不思議ではないんですが、それもなく……大往生と言っていいでしょう。

勝ちゃんは「俺が死んだら本牧葬にしてくれ」というのが口癖でしたが、そのとおりになりました。台東区の松ヶ谷ホールにはご近所の方や講談師のほとんどが詰めかけましたし、身寄りがないので家紋がわからなくて、本牧亭の紋でお葬式をしましたからね。お骨は四十九日に清水のお墓に埋めました。本牧亭とともに生き、本牧亭と関係のあった人々に見守られてあの世に旅立った。本望だったのではないでしょうか。

中村勝太郎さんは明治三十七年五月、東京の白山《はくさん》で生まれている。父親はトビ金といって筒先（消防のホースの先）をつとめたトビであった。そのせいか「世の中で一番偉ぇのは天皇陛下、二番目がトビの頭」というほど誇りを持っていた。

若い頃はずいぶん乱暴者だったらしく、自分で、

「白山の三馬鹿なんて言われてね。小笠原諸島の感化院に島流しにあったこともある」と言っていた。

本牧亭の名物男、勝ちゃん。鳶職のようないでたちが評判だった

「以来、あったかいところだったので、少しボヤッとするようになった」

とは、清水社長の弁だ。

戦時中は徴用にとられて満州の奥地に二年間いた。「あんまり奥地だったから戦争なんて知らずに過ごした」という。

本牧亭で働くようになったのは、清水社長の実家が白山で料理屋をやっていて、そこに出入りしていたことによる。清水さんの母親をおぶったこともあるというから、ずいぶん古い。清水さんも小さい頃、ボンボンといって可愛がられた。その関係で、清水さんが三十七年に孝子さんと結婚したとき、一緒についてきたのだった。

最初は電車で通っていたが、身寄りをなくしてからは本牧亭の客席に寝起きしながら下足番を勤めた。

ねじり鉢巻きに、はんてん、腹掛け、股引きの、トビの頭のようないでたちが珍しいせいか、よく写真に撮られた。一流の写真家ができあがった写真を届けると、「こんなに何枚もいらないよ」と言って全く興味を示さなかったという。

――勝ちゃんはね、面白いんですよ。トビを尊敬していただけに、火事というと仕事の最中でもいなくなっちゃうんですよ。若い頃のエピソードにこんなのがあります。小石川のある酒屋が火事というので駆けつけた勝ちゃん、火消し気取りで二階に駆け上がり、半分燃えている手摺りに足をかけてヤジウマにかっこいいところを見せようとした途端、手摺りがくずれて下におっこちたというんです。それ以来、無茶なことはしなくなったんですって。

道楽は野球と競馬でした。野球は熱烈なジャリアント（ジャイアンツ）ファンで、昔はラジオを聞きながら通行人に「今、勝ってるよ」って戦況報告をするんです。

競馬は負けると黙っていて、勝つと、といっても大した配当がつかなくても大はしゃぎ。嬉しそうな顔をして、大福やくずもちを買ってきてはみんなに配っていました。

身寄りもなく、後に残す気がないから、気前がよくてね。時計でもテレビでもちょっと古くなったりすると、人にあげちゃうんです。勝ちゃんは偉いですよね。晩年はよく一流の写真家が写真を撮らせてくれと言ってきましたが、本当にいい顔になりましたからね。我々にはどうも何かしら欲があって、その欲から抜け切れない。だから、勝ちゃんみたいな自然な顔にはならないですね。身軽に徹した人生はいいなと思いますよ。

清水社長の依頼で百カ日法要の配り物の扇子に勝太郎さんの絵を描いた今村恒美さんの言葉。「いつも、俺、八十、八十って、年とってるのを自慢していましたね。おかみさんの言うように晩年は本当にいい顔になったね。欲がないっていうか、ああやっている（下足番をしている）そのこと自体が嬉しいんですね。あの鉢巻きがよかったね」

本牧亭にはもう一人、楽屋に寝泊まりしている人がいた。久井田辰雄さんである。字が上手なので高座のめくりや寄席ビラの字を書いていた。

「久井田さんは神田伯山さんのご常連で、家は品川のほうの網元だと言ってました。体中に彫物のある人で賭場《とば》にも出入りしていたらしくて、『蔵をひとつなくしたよ』と話してましたから、きっと勘当になったんでしょうね。私には『甥が警察官になって地位が上がったから、俺が間違いを起こすとかわいそうなので足を洗ったんだよ』とも言ってました。あるとき、常連のお客様と本牧亭の従業員で旅行しようということになり、久井田さんが幹事になって会費を集めたんです。ところが、そのお金をすられてしまった。その分は売店にいた女の人が貸したらしいんですが、返すあてがないので本牧亭で使ってくれないか、って言うんです。で、いいでしょう、ということになったんです」

とおかみさん。その久井田さんは本牧亭閉鎖後、赤羽のほうの公団住宅でひとり暮らしをしている。

「うちは男も女も年寄りで固まったみたいで、普通の会社のようにキビキビできないんです。でも、初めっから面白い人の集まりでしたね。もう一人、岩崎静子さんはよく働く人で、ラジオやテレビの録音・録画どりの日は前の日から泊まり込んでくれましてね。しかも勝ちゃんや久井田さんが高齢でしたから、その面倒を見てくれた。本当によくやってくれたと感謝しているんですよ」

その岩崎静子さんはこう話す。

「昭和三十年の一月、和裁のほうの仕事をするという約束で入ったんです。おかみさんの常着とか芸人さんの浴衣を縫ったり、二年間ほどやってましたかね。そのうちに寄席のほうも手伝うようになり、井村さんが辞めてから本格的に寄席の仕事をやるようになったんです。おかみさんに初めて会ったとき、私も色が黒いけどおかみさんも白いほうじゃないでしょ。『よかったわ、岩崎さん。色の白い人が入ったらどうしようって思っていたのよ』と言って、笑いましてね。当時、おかみさんは四十半ばでしたが、若くてきれいでね。浴衣にたすきがけして前掛けして、素敵なおかみさんでしたよ。姿形だけじゃないんです。情にもろくて、面倒見がいいんです。偉かったんですよ、おかみさんは。助治郎さんの兄さん、姉さんの世話までしてましてね。兄さんのほうはトタンの職人で、手先が器用で人がいいので、大旦那も大好きでしたが、姉さんのほうはちょっとね。市川鈴本にいて、それからおかみさんが本牧亭にひきとったんですが、猫を飼うし、汚い格好で下の食堂にも出入りするし、客商売をやる上で問題が多いんで、おかみさんはやむなく夫婦養子のところへ送って行ったんです。ところが、おかみさんは気になってしょうがない。どうしてるかって。でね、訪ねてみたら、養老院に入っていたといったことがありました、私が三十五年間も本牧亭にいたのは、おかみさんがいい方だったからです。私はずっとおかみさんのようにならなくっちゃ、と思いつづけてきたんですよ」

第十一章　講談の灯は消さない

新しい土地探し

本牧亭では、席を閉じた後、名前を忘れられないために、欠損になるのを承知で自主公演を行っている。「本牧新進講談五人会」と「本牧落語五人会」を湯島天神参集殿、「本牧亭講談定席」を四ツ谷倶楽部、「講談まつり」を国立演芸場で定期的に開いているが、平成二年九月からはこれらに加えて、目黒区青葉台にある合掌造りの店「ふるさと」で「ふるさと本牧亭講談会」を主催している。各席とも盛況で講談師の熱演が目を引く。

――そうなんですね、再開するまで名前をつないでおかなくてはと考えてやっているんですが、講談師にも客席にも熱気が感じられますね。女流講談師の宝井琴嶺《きんれい》さんの真打ち披露が国立演芸場であったときもあの広い席が満席で、出来もよくて、盛会でした。そういう状況を見ていると、改めてね、本牧亭がなくなったことは講談界にとってはかえってよかったんじゃないかと思うんです。本牧亭で興行があったときは、お客様が来ても来なくても関係ないっていうか、新しいものを出さずにやっていられた。それでマンネリに陥っていましたからね。どこかの放送局の方がやはり同じように思ったのか、「かえってよかったんじゃないですか。これが発奮する契機になるかもしれないから」とおっしゃってました。局の方にも、はやってもはやらなくてもひとつの伝統話芸として応援してもらってきたわけですが、やはり講談界のあり方に不満を持ってらしたんでしょうね。

このところ、講談師のみなさんの気持ちが変わったような気がします。これまではどちらかというと講談に興味のある人を対象にやってきたが、今は興味のない人をも振り向かせなければならない。講談の面白さをわかってもらわなければならない。そのためには講談師も勉強しなくてはなりませんからね。気構えが違ってきたんではないでしょうか。

それと、今後、講談の内容が変わってくる気がします。講談というのは、そんなに古めかしいものではないんです。あと少し時代に合うように変えていけばいいんです。そのためには外の世界に触れることです。そうすれば視野も広くなるし、現状をどう変えていかなくてはいけないかが、肌でわかってくると思うんです。今、講談師のみなさんはそれをやっている。だから期待しているんです。

と同時に、話が矛盾するようですが、講談の道場が必要だと思います。みなさん個々には動いていらっしゃるから、生活上は問題がない。むしろ、本牧亭ができてもそう多くのお客様が入るわけではないから電車賃にもならない。出演料が安いから邪魔になる人もいるかもしれませんが、ホームグラウンドがないと何かまとまらないみたいですよね。それに、若い人が新作をやる場合、お客様の反応を見てネタを練り上げていく場が必要なんです。清水も講談は経営上マイナスにならなければいい。他の仕事で経営が成り立つようにする――そう言っています。それで現在、場所を探しているんですけどね。

小生夢坊さんがつくった「下町人間の会」というのがありますが、その会員に某代議士の秘書をしている山口さんという方がいましてね。いろいろ骨を折ってもらっているんですが、その山口さんを通して台東区の内山栄一区長にも話をしてもらっていたんです。たまたま「下町人間の会」で「本牧亭さよならの会」を開いてくださったとき、区

長もお見えになったのでお願いしたんです。山口さんが区長に、

「本牧亭をなんとかしてください。そうしないと、台東区の名折れですよ」

と言うと、区長はキッパリと、

「区で土地を買い上げてつくった文化施設の中に興行場を入れることはできないんです。区が一個人、一企業のために何かするというわけにはいかないんですよ」

と言い、「しかし何かいい方法がないか調べてみます」

そうおっしゃってくださいました。

今度やるときは上野、はずれても入谷あたりを考えてはいるんですが。許可のいらない建物なら簡単にできるんですけどね、今はいろいろ規制がありますから難しいんです。たとえば、消防。鉄筋になる前の本牧亭のとき、廊下から高座が見えるように壁に穴をあけて連子《れんじ》窓をつけたことがあるんですが、消防署の点検のとき「これは危険だから、壁をふさぎなさい」と言われましてね。全く火の気のないところなので、納得がいきませんでしたよ。

本牧亭が開場して何年かは、冬になると客席に手焙りを出していました。ところが、だんだん消防のほうがやかましくなって、箱が木でできているから危険ということになって使えなくなりましてね。むろん煙草も駄目。ところが、相撲の枡席では手焙り状の

箱の中に灰皿が入っている。あれはどういうわけでしょうねぇ。枡席ではいざというとき、またがなくてはいけないから、寄席なんかよりよっぽど危険だと思うんですが……。だいたい、寄席から火が出たことは私の記憶ではありません。鈴本が昭和二十六年に焼けましたが、あれは火の気のないところから出ている。類焼なんです。その前、二十三年の七月にやはり鈴本でボヤがありました。これは座布団の間に入った煙草の吸い殻から煙が出たんです。こうした間違いを防ぐために、寄席では昔から、終演後、座布団を重ねるときは必ずわらぼうきで座布団の両面を払ってから重ねるようにしているんですよ。

そういえば、開場して間もない頃、百目ローソクこそ立てませんでしたが、明治の寄席のように高座に火鉢と鉄瓶を置いたこともありました。あの頃はそんなに規制も厳しくなかったですからね。

寄席をつくる際には、消防以外に建築上の規制もクリアしなければならない。たとえば、道路から一・五メートル奥まったところに建てなければならないといった制約があるために、場所探しも容易ではないのである。

「昔のように長屋を二軒ぶち抜いて、というわけにはいかないですからね」

と清水社長は苦笑する。

しかし、再建に当たって一番頭の痛い問題は地価の高騰である。

「早い時期に再建したいんですが、盛り場で借りると保証金が坪二百万円かかります。百坪借りると二億円です。これに内装費が一億円かかる。この金利だけでもたいへんです。その上に、家賃は保証金の百分の一というのが相場ですから月に二百万円。これでは寄席をやっていくらお客が入っても採算は取れない。土地を売却したときに再建資金を用意しましたが、とてもまかなえないんです。創業社長で、赤字でもいいというのでなければね」

そうした厳しい状況の中で再開場をめざして努力しているのは、やはりおかみさんと同じく、本牧亭への愛着からなのであろう。おかみさんはこう言う。

「四国の金毘羅《こんぴら》さん、あの金丸座《かねまるざ》で行われる歌舞伎にあれだけ人が集まるのは、昔風の風情を求めている人がいかに多いかの証《あかし》だと思うんです。情緒のある寄席で伝統的な話芸に耳を傾ける。そういう雰囲気に浸《ひた》ることも人間の楽しみですからね。なくしちゃいけないんですよ」

定席としての寄席経営が成り立たないのは、東京という都市の不毛を表わしていると言っても言いすぎではないだろう。

講談のこれから

――清水は、儲けなくてもいい、えらい赤字にならなければいい、二年以内に再開すると言っていますが、今はそうした覚悟をしなければ寄席経営はできない時代なんですね。といって、お客様が来なくてもいいということじゃありませんよ。ひとりでも多く来ていただけるよう努力しなければね。たとえば、今度やるときは、若いお客様を惹きつける興行形態にしないと。よく最初は落語ファンで年とると講談ファンになると言いますが、若いお客様にも若いときに講談の面白さを知ってもらうようにしませんとね。

講談には続き物と読み切りがあります。連続物と一席物とも言いますが、昔は続き物が多かったんです。一年がかりで「太閤記」を読んだりしたものです。これは今でも通《つう》の方には喜ばれますが、そういう方はそうはいませんからね。町内に寄席が数軒あって毎日でも通えた昔ならいざしらず、今は講談の好きな人でも時たま聴きに行くという時代でしょ。まして若いお客様には向きません。読み切り、さわりの部分を抜き読みするしかないと思うんです。テレビで陽子ちゃん（神田陽子）がひと口講談をやっていましたが、ああいうのも時代の要求ですからね、それに応えていかなければならないですね。

それと講談だけだと飽きますから、間に息のつけるもの、色物を混ぜて、それで講談が引き立つようにするとか。修羅場なんか目をつむって一生懸命聴いていないとわかりませんからね。たとえば、講談師になると最初にやらされるものの一つに「三方ヶ原《みかたがはら》の戦」がありますが、それをちょっと紹介しましょうか。

「さても時はいつなむめり、元亀《げんき》三年壬申《みずのえさる》歳十月の十四日、甲陽《こうよう》の太守《たいしゅ》武田大僧正信玄、甲府に於て七重《ななえ》の調連《ならし》へ整へ、その勢三万余人を従へ、甲州八ッ花形を雷発なし……」

というのが出だしで、武田の軍勢が次々と遠州、今の静岡県ですね、そこにある城を攻め落としていく。そのとき徳川家康は浜松城にあって重臣と対応策を話し合うのですが、家臣は信長に加勢を頼み、籠城《ろうじょう》が最善の策と進言する。これに対して家康は、領土を侵されて籠城などできないと言って、ひとり馬に乗って出ていこうとする。そして、こんな描写が続くんです。

「その日の御扮装《いでたち》は、朱の啄木《たくぼく》の御鎧、金にて鍬形《くわがた》打ったる前立《まえだて》、金六十四間白星の兜を戴き、白檀《びゃくだん》磨き赤銅《しゃくどう》造りの籠手脛当《こてすねあて》、貞宗の御剣、藤四郎吉光の短刀をおび、朝霞と名づけたる駿足に金覆輪《きんぷくりん》の鞍《くら》を置き、金唐草の押当《おしあて》、紅白紫三段の厚総《あつぶさ》をかけ、唐草象眼《ぞうがん》の伊達鐙《あぶみ》、七五三鍛目《しころめ》の鞭《むち》を挙げ、ひら一散に乗り出だし給ふ」

こういう部分を耳で聴いても知識がないと何がなんだかわからないと思うんです。とくに今の若い人は映像世代ですから、ついていけないんじゃないでしょうか。すでに山陽一門でやっていますが、たとえば鎧とか馬具とかは絵なり写真なりを展示して解説しながらやったらどうかと思います。そういえば、明治の十何年かに講談が下火になり、絵入り講談といって高座の後ろに人物の絵を貼って、女、子供にもわかるように読んだことがあるそうです。百年前のお客様でさえそんな具合なんですから、今はなおのこと工夫しなくてはいけないと思うんです。もちろん昔の格調の高い講談も継承していかなくてはいけませんよ。が、すべてがそれではね。

どんな商売でもそうですが、時代に合っていなければ成り立たないんですよね。そのことは講談にも言えるんです。ひとりよがりで、これが講談だと威張《えば》っていても聴く人がいなければ、壁に向かって喋っているのと同じですからね。時代を考えてやらないと置いてけぼりをくっちゃうと思います。

でもね、私は今の講談界は楽しみがあると思っていますよ。本牧亭を始めた頃は、特徴のある先生がたくさんいて、面白いし、味がありました。ですから、ああいう先生がいま五、六人もいればと思わなくもないんですが、反面、当時の先生方の平均年齢が六十歳ぐらいでしょ。うまいなあと思っても先の楽しみがなかった。しかも講談師になる若手がいなくて、一時は二十数人というときもあって、番組を組むのに苦労したこともあったくらいです。お客様も若い人が来ないので望み薄でした。それが今は、宝井では琴梅《きんばい》〔五代目〕、琴柳《きんりゅう》〔四代目〕、一龍斎では貞花〔五代目〕、貞心《ていしん》、貞山〔八代目〕、神田では小山陽《こさんよう》〔後の三代目松鯉〕、照山《しょうざん》、田辺では鶴生《かくしょう》さんら中堅の方が一生懸命やっている。宝井琴星《きんせい》、琴調〔四代目〕、神田愛山《あいざん》、山裕《さんゆう》、田辺南北《なんぼく》さんら若手も育ってきている。今が一番望みがあるんです。

女流講談師

――最近は女流講談師の活躍も見のがせませんね。神田翠月、宝井琴桜、田辺鶴女《つるじょ》〔後の桃川鶴女〕さんらを筆頭に、十年ほど前から山陽さんが女性講談師の育成に力を入れてきたおかげで、若い人がずいぶん育ってきている。声が高ッ調子で安定していなかったので、初めはいただけないなと思いましたが、しかし歌や踊りが入ったりして派手で、これからはそうした高座も一高座ぐらいあったほうがいいなと思うようになりました。

ただ、今のところは色物としか考えられないので、平成元年に真打ちになった、神田

すみれ、香織《かおり》、紫《むらさき》、紅《くれない》のみなさんの真打ち昇進を祝う会で挨拶をと言われたので、「言いたいことを言うけどいい？」と断って、

「今のみなさんのは悪いけど講談としては認めていません。ショーとして、色物としてはけっこうだと思います。今後、芸を磨いていけば本当の講談師になると思うので、頑張ってください」

と、ズバリ言ったんです。後援会の方は失礼なことを言うなと思われたでしょうが、私はもう席亭ではないから何言ってもいい、そう思いましてね。

女流の場合は、講談より他のことで売れるからそちらに走るかもしれませんが、続けてくれればちゃんとした講談師になると思います。琴桜さんも最初は嫌でしたよ。でも今はうまい。年月を経てしっかりした講談になっている。訓練で芸になるんですね。そのほか、神田陽子さんや宝井琴嶺さんらも今後が楽しみ。大いに女流に頑張ってもらって、女性でなければ読めない女性の心を高座で表現していってもらいたいと思っていま す。

このように、講談界も変わらなくてはと思っていた頃から見ると、演者も若くなっているし読み物も変わってきている。ですから、これから講談も少し変わっていくんじゃないかと。これからどうなっていくかわからないけど、みんな望みを持っているし、望

みを棄てないようにしている。私はこれからもう一遍、応援できればしながら、自分も楽しんでいきたいと考えています。

第十二章　人との縁

忘れ得ぬ人

——昔、昭和の初めの頃、桜井塾という英語の塾に通っていたことがあるんですが、そのときの女の先生がこないだ亡くなられて納骨式に伺いました。その先生はいろいろ細かい注意をしてくださる方で、尊敬していた方なんです。以前は三軒茶屋に立派な家があったんですが、おひとりになられて伊香保の有料の養老院に入られましてね。妹さんも格式のある家におられたんですが、家庭の事情で家族と別れて同じ養老院に入られたんです。

あるとき病気になって病院に入院されたというので、お見舞いに伺ったんです。そのときみんなで散歩しようということになり、いつもの歩調で歩いていたら、

「石井さんね、みんなで歩くときは普通でない人に合わせないと、その人が焦るから気をつけないとね」

と注意されました。妹さんは足が悪かったんです。私はそういったことをたくさん教わったんです。なんでもよくできる方で、きれいな方でした。

本牧亭のお客様では、若い時分の羽振りのよさが信じられないような不遇の晩年を送って、亡くなられた方がいました。大きな店を持ち、家の中に川が流れているような広壮な屋敷に住んでらしたんですが、人がよくてうっかりハンを押して、それがもとで財産のあらかたをなくされましてね。残った財産を全部奥さんにあげて自分は身ひとつになった方なんです。

花柳界遊びをしていた頃、面倒を見ていた芸妓が結婚するというので、その方がいっさいがっさい用意をして結婚させた。そのときの姉《あね》さん株の人がその方の不運を聞いて、そのときの恩返しにとひきとってくれたんですが、その姉さんも実子がなく養子夫婦の厄介になっている身の上でしてね。姉さん自身が体が悪くなってその方の世話ができなくなり、とうとう高尾の先の養老院に入ることになったんです。

で、あるとき訪ねて行ったら、泣くんですよ。昔買っていただいた本牧亭の浴衣を大事に持っていらして、「本牧亭は憩いの場所だったし、これを見ると懐かしいので、持ってきたんだよ」とおっしゃって。涙が出ました。ああいう人生を見ると、〝弱いなぁ〟と思いますね。人はとてもいい方なんですが、どこか弱いところがあったから、ああいうことになったんだと思うんです。

黒門小学校のときの恩師も忘れられないですね。五年間ずっと担任で、卒業後もその先生を中心に年一回、クラス会をしていました。先生が亡くなった後もやっていたくらい、いい先生だったんです。心から子供が好きなんでしょうね。やさしい先生で、一人ひとりの子供の性格をよく見てね。相談にも行きいいし、学校に行くのが楽しくてしょうがなかった。小学校のときの先生との心の触れ合いは大切だなと思いますよ。今は休みが多い、恩給がつくという理由から先生になる人が多いと聞きますけれど……。

顧みると、私の半生で一番心に残っていることは、こうした方たちとの出会いと別れだったような気がします。その一つひとつの出会いと別れを通して、人としてのあり方や生き方を教わってきたと思うんです。いい方にたくさん巡り合えただけでも感謝しなければいけないでしょうね。

「大才は袖すりあう縁も縁にして生かす。中才は縁に合って縁を生かさず。小才は縁に合って縁に気づかず」という。この伝で言えば、おかみさんはさしずめ大才ということになるが……。

「私はせっかくいろんな方と知り合っても手紙を書かないから駄目なんですよ。それで縁が切れちゃうんですね。もったいないことをしたなと思いますよ」

縁を生かすまでに至っていないから経営者として失格、と言う。

懐かしの講談師たち

——寄席に生まれ、戦後は寄席を経営するようになったので、私の人生で一番接触が多かったのは芸人さんでした。講談師はもとより落語家、新内語り、義太夫語り、奇術師、浪曲師、活動写真の弁士、漫才師、音曲師……こういう方たちを間近に見てきたわけです。で、芸人になる人には共通点があるなと思うようになりました。それはよく言われるような自己顕示欲ではなく、どうせ短い一生なんだから何がなんでも好きなことをして生きよう、という自我の強さです。なかにはやむを得ず芸人になった方もいるかもしれませんが、大方の人が、とんとんで食べていければ仕事を楽しんで生きているからいいんだ、といった開き直りがあると思うんです。

その典型が桃川燕雄さんです。私には今もって燕雄さんがどうやって食べていたのか不思議なんですが、ちゃんと食べていらした。仕事もたいしてしない。ボロみたいなものを着て、雪が降るといつしか雪が蒲団に積もっているといったあばら家に住んで、それを不満にも思わず、恥ずかしいとも思わず、毅然としている。こんなことができたのは、自分の芸を持っていらしたからだと思うんです。自分が楽しんでやって、それを人に喜んでもらえる。あとは何にもいらない、そう思っていらしたのかもしれません。

芸術家の場合は、一握りの方を除くと生活は苦しい。しかし、芸人さんは名人上手になれなくても、なんとか生きていける。面白おかしく人生を過ごせるんじゃないか、そう思いますけどね。

そうした芸人の中でおかみさんと最も親交の深かったのが講談師である。その講談師の芸と人について、おかみさんは折りに触れて語った。何の用意もなく思い出すままに話してくれたいわば放談だが、戦後の講談界と深くかかわってきたおかみさんだけに、一人ひとりの講談師の素顔が浮き彫りにされているように思える。

邑井貞吉

——初高座が日清戦争の頃と言いますから、ずいぶん古い話ですよね。先生が明治物をやると本当に明治という時代がまぶたに浮かんでくるようでした。風采からして明治という感じなんです。でも年寄りの声ではなかった。若々しいというか、かん高い声で昔ながらの朗々とうたいあげる講談でしたね。講談は〝読む〟というように、昔は釈台に本を置いて読んだものですが、先生はまさにそれでね。読んでいるときに客席と離れないというか、語りかけがありましてね、いい雰囲気でしたよ。「はらはらと落つる涙」というのが口癖で、おかしかった。

田辺南龍

——昭和二十八年に講談界が初めて芸術祭に参加したとき、芸術祭賞をお取りになったのが先生でした。演目は「名月若松城」で、父なんかうまいなと感心していましたが、私にはわかりませんでした。上手なのかもしれないが、面白いという芸ではなかったですね。芸人さんには珍しく、と言っちゃ他の芸人さんに叱られますが、浮いた話が全くなく、本当に真面目で地味で、牧師にでもなったら所を得たと噂されたような方でした。弟子の南鶴さんはもちろん、大勢の方が人格者として尊敬していました。

神田伯山〔五代目〕

――伯山さんは趣味がハッキリしてましてね。食べ物でもうるさいんです。たとえば、せんべいがまずいといって、山形から米を取り寄せて、家の隣が米屋さんでしたからそこで精米してもらう。それを生地にして、醬油も特級を買ってきて、自分で炭火で焼くんです。その手焼きせんべいをよく貰いましたが確かにおいしいんです。干物なんかも丸赤という店のものでなくちゃ気に入らない。ここのは高いんですよ、私なんか手が出ないくらいに。伯山さんはぜいたくはできなくても、自分のできる範囲で好みを通す方なんです。たった一人のお子さんを戦争で亡くし、奥さんと二人でしたから「死後に美田を残す必要がないんだ」とよくおっしゃっていましたね。

神田松鯉〔二代目〕

――とにかく飄々《ひょうひょう》とした態度や言葉が東京の下町の人の間で受けました。若い人にもファンがいたんですよ。当時としては珍しいタイプの講談師でしたね。馬琴〔五代目〕さんがたいへん高価な時計を見せて「これはコレコレの値段だ」と自慢すると、「でも時間は変わらないんでしょ」とまぜっかえすんです。時計といえば、松鯉さんが服部〔和光〕

で時計を買ったが動かない。で、こわれてると文句を言いに行ったんですって。なんのことはない、ネジを巻いてなかったんです。晩年は、あっちが悪い、こっちが悪い、ってこぼしながら、周りの人から慰められるのを楽しみにしていた節《ふし》がありましたね。若い頃にどんなにもてたんだろうと思わせるほど、きれいなおじいさんでした。

宝井馬琴〔五代目〕

――うまかったですね。引っ張られるような芸でしたね。芸では一番でした。ところが参議院選挙に二度出て二度とも落ちた。芸はうまかったが、仲間内で人気がなかったから落ちたんです。片方よければどっか欠ける。誰だってそうですよね。ケチで有名でしたが、これはちょっと違うと私は思っています。馬琴さんに借金したことがあるんです。煙草の仕入れをするのに売上げを全部銀行に預けていたんです。その通帳を親戚の者に渡して一切任せていたんですよ。それを全部使い込まれちゃって。わりに額が大きいんです。父に話すと怒られるから、ガックリしてた。そのとき馬琴さんが「おかみさん、どうしたい」って言うから訳を話したら、ポンと貸してくれましてね。あのときは本当に嬉しかったですよ。立派な家に住んで、それも自分一代で築いたもの。それだけにふだん無駄なお金は使わなかったんですね。考えてみると、講談協会の会長になって、よく講談界をまとめていらした。やはり偉かったと思います。

服部伸

――「大石東下り」とか「は組小町」はよかったですね。とくに「は組小町」は何度聴いてもホロッとさせられました。熱演ぶりに涙が出ちゃうんです。明治から大正にかけて、「節は奈良丸《ならまる》、タンカの辰雄《たつお》、声のいいのが雲右衛門《くもえもん》」ともてはやされた人気浪曲師・一心亭辰雄から講談師に転向、服部伸になってからも多くのファンがいました。本牧亭の高座には九十二歳のときまで上がられましたね。その枯れ切った味は類のないものでした。

桃川若燕〔三代目〕

――とにかくオーバーなんです。拍子木を打ったりして。で、最初は紙芝居みたいで、なんてくさい芸なんだろうと思ったんですが、よく聴いていると非常に面白いんですよ。若燕さんも講談一筋の方で、お客様が入っていようがいまいが張り切ってやる。オーバーだなと思っていてもその熱演ぶりに引きずり込まれてしまうんです。釈台はお客様との境目にあるからいけないと言って、はずしてやったり。「三国志」なんて面白かったですよ。私も好きでしたが清水もファンでしたね。ところが五十代半ばで突然亡くなられた。芸の上で完成され、これからというときだっただけに、多くの人がその死を惜しみました。

神田ろ山〔二代目〕

――松本清張の小説を講談向きに脚色して高座にかけ、一時は〝ろ山の清張講談〟として話題を呼びましたが、私は買えなかった。意欲はたいへんけっこうだし、新しいファンを開拓した功績は認めないわけにはいきませんが、ろ山さんには向いていなかったと私は今でも思っています。やはり国定忠治などの三尺物《さんじゃく》（俠客物《きょうかく》）をおやりになったほうがよかったのではないかという疑念を持っています。ちなみに講談には、軍記物、評定物、武家物、俠客物、生世話物《きぜわ》、新作物がありますが、自分に合ったジャンルを見つけないと努力が無駄になる。ろ山さんを見ていてそう思います。

伊藤痴遊

――ニュース講談、政治講談で邑井操さんと人気を二分した人でした。「吹原産業事件」を取り上げたことで評判になり、閑古鳥の啼《な》いていた本牧亭が痴遊さんのおかげでひとしきり賑わったものです。同業の講談師の中には「週刊誌のネタをまとめてやってるだけじゃないか」と言う人もいましたが、でも上手にまとめて演じていた。嘘でもまことしやかに語って迫力がありましたね。今から思うと貴重な講談師でした。昔、五代目左楽さんが千葉で起きた〝鬼熊事件〟という殺人事件を高座にかけてたいへんな話題になったことがあります。人気を呼んだのは、毎日、朝早く東京を出て千葉で鬼熊（殺人犯）に関する情報を仕入れ、夕方戻ってきてその日取材した分を高座にかけたからです。ああいうことをやる講談師がまた出てくると面白いんですけどね。しっかりした古典読みもいる。時事問題を取り上げる人もいる。高座にバラエティが出てきていいですね。

一龍斎貞丈〔五代目〕

――一夜漬けで新作をやる。「夕べ読んできたから、なんとかなるだろう」と言って高座に上がるんですが、けっこういいんです。ほんとに器用な人でしたね。だからこそ、あれだけ幅広い交際をしながら、毎月本牧亭で新作を発表するなんて芸当ができたんです。とにかく忙しい人で、鈴本で一席やって、駆け出してきて、本牧亭に楽屋入りする。おかしいんですよ。紋付き袴で、足元を見ると革靴なんですから。事務所に見えて、人がいないと「ちょっと五分ばかり眠るから」と言って、ソファーでいびきをかくなんてことがしばしばでした。芸風は繊細華麗で、「義士伝」のような武張《ぶば》った物もいいし、「髪結い新三」のようないなせな物もよかった。私が好きだった演目は「二度目の清書き」。滔々《とうとう》として口調がきれいで。未だに耳についていますね。
貞丈さんと馬琴さんは従兄弟《いとこ》同士でありながら仲が悪かった。昔、馬琴さんは貞丈さんのお父さんのところにいたことがあるんですが、そのとき貞丈さんと比べて扱いに差別があったために、二人の仲がしっくりいかなくなったというんです。でも、貞丈さんが亡くなったとき、馬琴さんが「競争相手がいなくなって寂しい」ともらされたのを覚えています。

田辺南鶴

――人によっては、変にくだけて、変に茶化す講談だから嫌だという向きもありましたが、探偵物などはよかったと思います。南鶴さんも三味線は弾ける、踊りは踊れる、筆は立つ、器用な人でした。講談を復興させたいという気持ちが強く、独力で「講談研究」という機関誌を発行したり、講談学校や寄席大学をつくるなどずいぶん力を尽くされましたね。私が「先生、こういうことをやってみたらどうでしょう」と言うと「それはいい、やりましょう」と言って、親身に相談に乗っていただいたものです。危篤だというので自宅に伺ったら、「私も最後だから」と覚悟されて、駆けつけて来た人に「口に水をつけてください」とおっしゃっていたのが印象に残っていますね。

一龍斎貞山〔七代目〕

——「四谷怪談」や「牡丹燈籠」が得意だったので〝おばけの貞山〟と呼ばれましたが、「義士伝」とか「荒木又右衛門」といった一龍斎畑のお家芸も読んでいました。貞丈さんと違ってたいへん不器用な方で、放送に出るときは必ず本牧亭でみっちり稽古してから出るというふうでしたね。あれだけになるには相当な努力をされたんだと思います。「義士伝」なんか形もいいし堂々とした高座つきで、五十代で亡くなったのは本当に惜しいですよね。

終章　幸せな星の下に

普通の明治の女

――人の背中はよく見えるけど自分の背中は見えない、って言うでしょ。自分のことというのはどうもわかりませんね。ただ、これまでの人生を振り返って幸せな星の下に生まれた、とは思います。悪い時代もありましたけれど、父がいたからみすぼらしい生活もしないでやってこられた。本牧亭があったから苦労もしたけど、張りのある日々を送ることができた。

この本牧亭を経営（いや、私にできたのは客扱いだけで経営能力は皆無でした）したために、私は少し変わりました。自分の気に入らなければといったわがままがなくなった。それと人の見方が変わりました。嫌だなあと思っても面白い面があったり、いいなあと思ってもどこか癖があったり。だからよく考えてからでないと人を批評してはいけないと思うようになったんです。そのように人の好き嫌いをしないので、敵もできず大勢の方とおつきあいできたんだと思います。このおつきあいが私にできた唯一のことだったと言っていいでしょうね。

人を使うことについては、特別な心構えなんか何もありません。あの人がいたからやってこられたんだと考えるようにしたくらいです。そうすれば感謝の念が先になる。だから人を恨んだりすることがない。

これは幼い頃に形づくられたものだと思いますが、人を警戒したり疑ったりもしないほうですね。二、三度しか見えたことのないお客様に、指輪を置いていくからお金を貸してくれと言われたりする。手持ちがあれば貸しちゃうんです。だまされてもかまわないと思うんですね。だから人に裏切られたことがないんです。本当は人にだまされたり裏切られて辛酸をなめたほうが人は成長するのでしょうが、私にはそういうこともなくボヤッとしてこの年まできちゃった。

嫌なことはすぐ忘れますしね。そんなふうだったから、この世の中は棲《す》みやすかった。

総じて自分は幸せだったと思うんです。

　私の取り柄はおつきあいができたことだけと言いましたが、それができたのは体が丈夫だったからですね。血圧が低くて乗り物酔いをするぐらいで、あとはどこも悪いところがない。その血圧も七十半ばを過ぎて正常になりました。前にお話しした子宮脱も、中国から戻ってすぐ手術して治りました。丈夫なのは体質なんでしょうね。女学生の頃、卓球やテニスをやり、卒業後は山登りやスキーをやったこともよかったんでしょうが、スポーツは継続してやらないと効果がないと言いますものね。

　案外、食べ物が大きいかもしれない。私は昔から嫌いなものがないし、よくいただくんです。朝起きるとすぐいただきますが、お肉があれば朝からでも焼いて食べたり、パンにはさんで食べたりする。子供の頃、母がお酒が好きでよく塩辛とかこのわたを肴に飲んでいましたので、私もその影響で酒の肴みたいなものも好きですね。お酒はおつきあいで飲んでいただけで、おいしいと思ったことはありません。煙草同様、間をもたせるために飲んでいたんです。今はおつきあいの必要もないので、ビールならグラスで一杯、お酒はおちょこで二、三杯というところです。

　ただ、おつきあいの相手がみなさん芸達者な方ばかり。宴会だ、旅行だとなると、「今度はおかみさん、何かひとつ」となるわけです。でも私は何の芸もできない。これでは曲がなさすぎるというので、四十代になってから短いから簡単だろうと思って小唄の会に入ったんです。ところが、あまりに音痴で。自分の唄が耳に入ってくるでしょう、きまり悪くて唄えないんですよ。結局、淡海節だけ教わって、あとはものになりませんでした。五十代になってから今度は踊りを習いました。そのおさらいの会のとき孫が見にきて、「おばあちゃんのは傘持ってゴキブリ追っかけてるみたい」と言ったくらいですからね。これもものにならなかった。ただ踊りを習ったおかげで、つまずいてハッと思ったときに止まれる。で、これは運動だ、バランス感覚を養ったんだ、そのために習ったんだと自分で自分を慰めていますよ。その後、七十歳になってから性懲《しょうこ》りもなく、再び小唄を習いました。一階の日本料理の店（ほんもく）で働いていた芸者さんあがりの方に教わったんですが、この方は昔の人だから譜を使わない、テープも駄目。で、覚えられない。そうすると、怒られるんです。「月謝払ってるんでしょ。もったいないわよ」って。とにかく怖いんですね。それで、いじけちゃって。でも、習っているといいなあって。ものにならなくても鑑賞力がつきますよね。だから無駄にはならなかったと思っています。

お稽古事で続いたのはお花だけですね。免状（池坊）をいただいたので、駒込に住んでいた頃、お弟子さんをとって教えていたこともあります。娘には「絵が描けないのによく活けられるわね」とからかわれますが、お花だけは見てもわかります。でも、これだけなんです。

私は三味線もさも弾けるような、英語もできるような顔をしているけれど、みんなちょこッ、ちょこッとで、どうしようもないのね。何をやってもものにならないんだから、よっぽど不器用なんですね。

おかみさんは、自分がいかに駄目な人間であるかという話なら一時間でも喋っているような人である。世間には自分のことをつまらない人間だと言いながら、その口調と裏腹に自分がいかにましな人間であるかということをチラチラほのめかす人が多いが、おかみさんにはそういういやらしさが全くない。おかみさんのことをよく知っているある人も「本当に駄目だと思っているところが、いいんじゃないですか」と言っていたが、そのおかみさんが「一九八九エイボン女性年度賞」（第十一回）で功績賞に輝いている。

「江戸時代以来、庶民に愛され親しまれてきた講談の現存する唯一の定席『本牧亭』を四十年余りにわたって守り続け、大衆芸能の貴重な伝統を支えている功労を称《たた》えて」というのが受賞理由だが、そのことを持ち出すと、困ったなあという顔になる。

「あのときも再三お断りしたんですよ。第一回の大賞受賞者が市川房枝さんで、第十一回は水を守ることをテーマに市民運動を展開、地域の環境保全に力を注いできた野田さんという方なんです。そういう方たちは、社会のため、女性の地位向上のために貢献する活躍をしている人という、この賞の趣旨にふさわしい方だからいいんですが、私はたまたま寄席をやっているだけで、普通の商店のおかみさんと同じ苦労をしてきただけでしょう。図々しいし、恥ずかしいから、嫌だと言ったんです。それでも聞き入れてもらえなくて。目立たない分野で地道に努力している人に贈られる賞だから、とかなんとか言葉巧みにおっしゃって。で、身を小さくして行きました」

おかみさんはこういう場合、嫌だと思っていても断り切れない。「だから芯がないんです。強いところがないんです」となる。そして最後は「しょうがない」と諦めが早い。

——私は自分のことで語ることは何もないんですが、ひとつだけ言っておきたいことがあります。それは、私は普通の明治の女ということです。世の中には粋狂な方がいらして、女傑・石井英子といっては励ます会を開いてくださる。たいへんありがたいことなんですが、そういうことが積み重なって、いつの間にか自分ではない自分が世間をひとり歩きするようになったと思うんです。

あるとき、前にもお話しした南波武男さんが、こう言うんです。

「世間でおかみさんのことを女傑というけど、これはよく考えてみると、こんな世間知らずで物事を知らないのに寄席を経営している、そのへんが女傑と呼ばれる所以《ゆえん》なんだな」

うまいことおっしゃるなと思いましたよ。こういうふうに思われれば気が楽なんですけどね。

昔はよく、講談定席の本牧亭の女将だから講談のことはなんでも知っているだろうと思って、新聞記者の方や演芸関係の研究をしている方が話を聞きにこられたんです。しかし、自分の商品である講談のことだって詳しくないので困りましたね。自分以上に自分を見られるのは幸せか不幸せか。自分で足駄《あしだ》を履かなきゃいけないから辛いですけど、そう見ていただけるのは幸せなんでしょうね。でも私のことをよく知っている人は笑っていると思うんです。父なんか「英子は何もわからないのによく威張ってこられたな」って、お墓の下で思っていますよ。

先日も新聞記者の方が「生涯現役ですね」とおっしゃるので、

「そうじゃないんです。何かというと私が本牧亭の代表にされてしまうんですが、今はもう引退しているんです。十年ほど前に清水に社長を譲ってからは、私は下のレストランのほうに一日いてレジをやってきたんですよ。そういうふうに言われたり、書かれたりするから、世の中棲みにくくなるんですよ」と言うと、「それは謙遜でしょ」と。いつもこうなんです。

一遍、本当の自分の姿をスッパ抜いてもらえれば気が楽になるんじゃないかと思うんですが……。自分では自分に納得がいかないんです。始終ザワザワとして勉強もしないで生きてきた。ああもったいないことをしたなって。今は時間があるし、ちょうどいい機会だから講談の勉強でもしようと思うんですが、怠けていようとかこれでいいとは思ってはいないんですが、ボヤッとしているだけでね。電車の中で本を広げても四、五ページしか読めない。だらしないんです。これでは一生ごまかしで終わるなと。〝人と煙草のよしあしは煙にならなければわからない〟って言いますが、死んだ後で人は「ああ、だまされた」と思うのではないかしら。「本当に運のいい女」と思うでしょうね。

平安な日々

――本牧亭閉鎖後、しばらく次女の久子のマンションに同居させてもらっていましたが、今は鎌倉に建てた家にひとりで暮らしています。といっても、長女の家がすぐ近くなので孫もよく来るし、寂しくはありませんね。

東京を離れるときは何か嫌でしたけどね。でも、上野近辺には住みたくない。町並みも町の雰囲気も昔と比べるとずいぶん変わりましたし、歩いていてせいせいするところがひとつもないでしょ。本牧亭を始めた頃はまだ、歩いていると三味線の音が聞こえてきたり、芸者衆の姿が見られたり、下谷といわれていた頃の情緒を残していましたが、いつの間にかバーやキャバレーばかりになって、猥雑な巷に変わってしまいましたからね。それに、近所づきあいも真向かいの武蔵野さんくらいですしね。ですから、ちょっと変な気分でしたが、後ろ髪を引かれるということはなかったです。

ただ、鎌倉に越してきた当初は、長い間、自分で煮炊きをしたことがなかったからどうなることやらと思いましたが、なんとかやっています。次女夫婦の店（飲食店）が神田にオープンしたら、またレジでもやらせてもらうつもりなので、そうなったらそこで食事もできますしね。

鎌倉での日常は好きな麻雀をしたり、植木をいじったり、犬が三匹いますのでその世話をしたり、けっこう忙しいんですよ。父が植木が好きだったことをお話ししましたが、私も父の感化を受けたのか好きなんです。それも立派な木よりも雑草のほうが可愛いですね。小さな庭ですけど植木をと思って植木屋さんに頼んだら、それこそ見映えのいい木ばかり植えようとされるので、ちょっと待ってくださいと言って、一カ所だけ自分の好きな雑草を植えるスペースを残してもらったんです。植木屋さんは少し不満そうでしたけれど。それで、本牧亭の屋上に置いていた植木を放っておくのはかわいそうなので、鎌倉に運びましてね。枯れていた姫アヤメなど五鉢くらい持ってきたんですが、根がしっかりしているので枯れたと思ってもまた青々としてくるんです。それで余計に情が移るんでしょうか。

この家の新築祝いが平成二年の五月初旬に催された。家の隣の空き地に紅白の幕をめぐらし、テントの下には焼きそばや焼き鳥の模擬店も出て……寄席のおかみさんにふさわしく、余興として青空寄席も開かれた。蝶花楼花蝶《ちょうかろうかちょう》〔後の七代目馬楽〕師匠が一席ご機嫌を伺い、次いで神田伯龍〔六代目〕師が小咄《こばなし》をした。

「徳川家の御家人で大田直次郎、通称 蜀山人《しょくさんじん》という方がございました。狂歌の大家でございます。狂歌たって、今日か明日かの今日か、ってわけじゃない」

床几に腰かけて小咄に耳を傾けるおかみさんののどかな表情は、ようやく訪れた平安な日々を雄弁に物語っていた。そんなおかみさんを見ていて思う。

「それにしても、四十二年もの間、本牧亭の灯を消すまいと懸命になってきたのは何故だろう」と。

二十年余の昔、おかみさんは草柳大蔵《くさやなぎだいぞう》（評論家・ノンフィクション作家）氏との対談の中でこう述べている（昭和四十三年六月二十四日発売の「女性自身」）。

石井　もの好きっていうことでしょうか。私がもっと器用で頭が冴えていれば、これだけの席があることだし、現代的な方法でもっとやりようもあるんでしょうが、もうこの商売やってかれこれ二十年、なにしたって私の力ではダメなんです。そんならむしろ、これ一本（本牧亭の経営）にしぼって、これでいきましょうというわけで。

草柳　そのとおりなんでしょうが、もうひとつ、気持ちの底になにかあるんじゃないかな。（後略）

石井　気持ちの中を調べてみると、〝かみさんだったから〟というようなものがありましょうね。

草柳　そうでしょう。手放したときの申し訳なさ、寂しさってものがわかっちゃう。

石井　それと、私ね、商売しなかったら、もうほんとにつまらない女だったでしょうね。多少でもなにかしていたから気持ちに張りがあったので、もしそうでなければ、ぜんぜん、つまらない女です。趣味はないし、すべて、きらいじゃないけど大好きってものもないし、だから、倒れるまでおかみさんで……。

発言の中の〝かみさんだったから〟を敷衍《ふえん》すると――

本牧亭を必要としていたのは講談師だけではなかった。新内語りや義太夫語りにとっても芸を守り伝える拠点だった。その伝統芸を畳に座って聴く本牧亭はまた、常連客にとって江戸情緒を味わうことのできる唯一の場であり、かけがえのない憩いの場所だった。そして、本牧亭で働く人々には仕事に従事しているというより、おかみさんと一緒に世間の脚光を浴びることもない伝統芸能を陰で支えているという誇りがあったように思える。なくてもいいが、なければおかしい〝へそ〟のような寄席、それも講談定席を、昭和二十三年から休席に至る平成二年一月十日まで、維持してきたのはこうした人々がいたからである。また、こうも言える。おかみさんは雑草をいとおしむように、社会から置き去りにされていこうとしているものや、世間の評価に頓着せず一途に生きようとしているものに対して、それを自分ひとりでも庇護したいという情熱を持っている。それは父・孝一郎から受け継いだ保護者の血とでも言えるものだが、おかみさんにとってはひょんな巡り合わせから講談がその情熱の対象となった。以来、おかみさんの気持ちの底にはいつも、閑散とした客席を前に熱演する講談師への同情と、何百年という長い年月をかけて我々の先祖が育んできた日本最高の話芸に冷淡な風潮への反発があったように思える。

そう言うと、昔の東京ッ子がそうであるようにテレ屋のおかみさんは、面映《おもは》ゆそうな表情でこう言うのが常だが。

「他になんにもできるものがなかったので、本牧亭にしがみついてきただけですよ」

……伯龍師は小咄を立ったままましている。

「大田先生のお友達で河内屋さんという呉服問屋がございます。ひとり娘がお嫁に行くことになりました。行列を整えましてお嫁入りをするわけです。家を出まして、河内屋のお嬢様の一行がまいりますと、向こうから葬斂《そうれん》、おとむらいの行列がまいります。河内屋さんが顔色を変えて、『大田先生、なんてぇことでしょうね。ひとり娘が嫁に行くてぇのにおとむらいに出会うてぇな、どうも縁起がよくございません』『いやいや、あるじ、心配をしなさんな。こんなめでたいことはない。私が歌で直してやる』こう言って、サラサラと短冊に筆でしたためます。あるじが見ると、〝世の中は幸と不幸の行き違い　あれもしに行くこれもしに行く〟。し(死)に行く、しに行く、おおっぴらにできるてぇわけです」

ドッと笑いが起きる。

おかみさんは新築祝いに来てくれた人の笑顔をにこやかに眺めながら、

「父がいたら、英子はまたぜいたくなことをしていると思うでしょうね」

と呟くので、

〈いやいや、おかみさん、大旦那はきっと「英子、もういいよ。よくやったよ。あとは好きなことをしたらいいよ」とおっしゃると思いますよ〉

そんなことを思いながら、おかみさんの八十歳という年齢を感じさせない、あどけない笑顔を眺めていた。

小金井蘆州

＊本書の執筆に当たっては、左記の方々からお話を伺いました。
岡本文弥（邦楽家・新内）　神田山陽（講談師）　小金井蘆州（講談師）　一龍斎貞水（講談師）　三遊亭金馬（落語家）　三遊亭円歌（落語家）　今村恒美（画家）　鈴木貞子（鈴木孝一郎長女）　岡田すゑ（本牧亭元従業員）　岩崎静子（本牧亭元従業員）　吉沢英明（講談研究家）　保田武宏（読売新聞編集委員）　茨木一子（民族芸能を守る会事務局長）　清水基嘉（本牧亭社長）　寺田博明（本牧亭支配人）

（敬称略・順不同）
〔肩書は単行本刊行当時〕

聞き手　荒木 元

あとがき——お礼に代えて

本牧亭を閉じるにあたって、本牧亭にまつわる話や私自身のことなどを一冊の本にまとめてみませんか、とザ・ブックの山下隆夫氏にすすめられましたが、私はかたくなにお断りし続けました。

私の一生を振り返ってみましても、よそさまと比べて何ひとつおもしろい人生を歩んできたわけではございません。ただただ、両親をはじめ講談の先生やみなさまに支えられて今日にいたっているだけです。どこにでもいるような普通のおばあさんの一生を書いたところで、読者のみなさまに感銘を与えられるわけがございません。

ただこの機会に、本牧亭の歴史が一冊にまとまったら、という思いでお引き受けする決心をいたしました。取材・構成いただいた荒木元氏、そして実際の本作りでいろいろとご尽力をいただいた駸々堂出版の藤井美夫氏と澤邉由里さんのおかげで、このように立派な本ができましたことを今では心から深く感謝しております。

話芸というのは、人と人とのふれあいにおいて非常に大切なことでございます。その中のひとつである講談といっても、今の若い人はほとんど関心がないようでございますが、おかげさまで講談をされる方は現在、ますます増えております。これからは、若い人を中心に講談も時代に合ったものになっていくと思います。ですから、私が席亭をつとめていた頃よりも講談の将来については非常に希望をもっております。大衆芸能のひとつである講談が、どんなに小さくてもいいですから、これからもどこかで生き続けることを願ってやみません。

最後に、この本を出版するにあたって関係者の方々には多大なご協力を賜わりました。ここに、あらためて深く深く感謝申し上げます。

平成三年三月

石井英子

文庫版あとがきにかえて

清水孝子

母は自分のことをあまり話さない人でした。この本のことも「恥ずかしいからいやだわ」としきりに申していましたので、原稿を書かれた荒木さんは話を聞き出すのが大変だったのではないでしょうか。なんとか無事に出版されたときには、ホテルで記念の会を開いていただいて、芸人の皆さんはもちろん、俳優の中村嘉葎雄《かつお》さんや永六輔さんもおいでになり、にぎやかでした。その後三十年たって復刊されるとは思ってもみなかったことで、皆で喜んでおります。

平成二年一月に本牧亭を休場したあと、十一月に妹夫婦が神田で割烹《かっぽう》の店「ほんもく」を始めました。母は毎日、鎌倉から通って、レジ打ちなどを手伝っていました。四年には、私ども夫婦で日本料理と講談の店「池之端本牧亭」を始め、週末は二階の高座で講談の会をやっておりましたので、よくそれを聴きにきてくれました。この頃にはもう私が席亭を継いでいましたので、「お客として講談を聴けるからいいわ」と楽しそうでした。平日は神田、週末は池之端と、よく元気に通勤していたものだと思います。

平成十年一月までお店に立っていましたが、三月に末期の大腸がんが見つかり、入院してそのまま六月に亡くなりました。桜の時期には、琴調（四代目宝井琴調）さんが車椅子を押して散歩に連れ出してくださって、皆で満開の花を見たことなど、よく思い出します。最後まで本当に良くしていただきました。

その後、平成十四年に池之端から黒門町へ移り、「黒門町本牧亭」で料理店のかたわら高座をやっていましたが、経営が難しく、やむなく二十三年に閉場いたしました。その間も、社長の清水が病気になったり、かなりの額の借金が見つかったり、いろいろとありましたが、夢中でしたのでどうやって切り抜けてきたかよく覚えていないのです。母ゆずりなのでしょうか、私もぼうっとした性格で良かったと思います。

もちろん、母も落ち込むことはあったようですが、この本ではあまり書かれていません。父が亡くなったときには「自殺してしまいそうで目が離せなかった」と鈴本の人から聞きました。たった五年の結婚生活でしたから、ずいぶん寂しかったのではないでしょうか。そのあとすぐ戦争が始まり、それどころではなくなりましたが、幼かった私たち姉妹をかかえてさぞ苦労したことでしょう。私はほとんど父の記憶は残っていないのですが、太神楽のお稽古中は決して部屋に入れてくれなかったことなどをかすかに覚えています。

母はよく、芸の成長のためには「大勢のお客様に聞いていただくことが大切だ」と申していました。大勢の、そしていろいろなお客様に日々聞いていただくことが、研鑽につながるのです。この本の冒頭の場面で伯山さんに直談判をしたのも、名人の伯山さんだからこそ、決まったご常連相手ではなく、新しいお客さまに向けて新しい挑戦をしてほしいという期待があったのだと思います。娘の私にも何かを「しなさい」と言うことがほとんどない人でしたから、相当悩んだ末の言葉だったのではないでしょうか。

私も生まれたときから鈴本演芸場の裏で暮らしていましたので、話芸が好きでしたし、百六十年続いた「本牧亭」の看板をなくすまいという一心で、ここまでやってきました。今は、お茶の水のカフェで「太陽寄席」、岩手県の北上市で「北上本牧亭」など、「本牧亭」主催の会を開いております。若い講釈師のために、なるべくお客様に聞いていただく機会を設けたいと思っております。最近は講談にも新しいお客様が増えてきて、嬉しいかぎりです。いつかまた、講談定席の寄席ができるまで、講談の会を続けていけたら本望です。

（しみず・たかこ　本牧亭三代目席亭）

年表

	石井英子・本牧亭史	芸能・一般史
明治四十三年	十一月二十一日　曽祖父仙之助（本牧亭創業者）八十四歳で他界。 十二月十五日　石井英子、父鈴木孝一郎、母亀久の三女として下谷区（現台東区）上野広小路に生まれる。	
明治四十四年		大阪・立川文明堂より玉田玉秀斎口演の講談本「立川文庫」創刊 講談社より初代社長野間清治が「講談倶楽部」創刊
明治四十五年		大阪・吉本興業創設
大正三年		第一次世界大戦勃発

大正四年		博文館より「講談雑誌」創刊
大正六年		落語演芸会社設立
大正七年	四月　黒門小学校入学。	
大正十二年	四月　東京府立第一高等女学校入学。 九月二日　震災により寄席鈴本亭焼失。孝一郎の才覚で鈴本亭の向かいの土地を買取り、鈴本亭再建に着手。鈴本亭の跡地には映画館鈴本キネマを建設。	九月一日　関東大震災 落語演芸会社解散
昭和二年		東京地下鉄道会社が東洋初の地下鉄、上野—浅草間二・二kmを開業
昭和三年	三月　東京府立第一高等女学校卒業。卒業後、桜井塾で英文タイプを学ぶ。以後、鈴本亭の売店で働く。	第二次落語研究会始まる
昭和十三年	春　ひとつ毬の名人春本助治郎（本名石井喜蔵）と結婚、蔵前に所帯を持つ。	
昭和十四年	四月　長女孝子生まれる。	
昭和十六年	十二月　次女久子生まれる。	第二次世界大戦勃発
昭和十七年	三月七日　助治郎、猩紅熱で他界。孝一郎が本郷に建ててくれた平屋に移り住む。	落語と講談の研究団体「寄席文化向上会」結成
昭和十八年	子供を連れ、伊豆長浜へ疎開。	

昭和二十年	三月十日　東京大空襲で鈴本亭、鈴本キネマとも焼失。終戦を迎え、帰京。千葉県の市川市に移り住む。 九月　鈴本亭再建。	東京大空襲。区内の大半が焼かれる 六代目一龍斎貞山他界 八月十五日　終戦
昭和二十一年	八月　母亀久六十一歳で他界。広小路に戻り、孝一郎の世話の傍ら鈴本亭の売店に勤める。	大島伯鶴他界
昭和二十三年	八月頃　本牧亭着工。 十一月　本牧亭開場。	
昭和二十四年	孝一郎、鈴本亭の席亭を孫の肇に譲る。 十二月　興行場としての許可が下りる。	四代目小金井蘆洲、神田伯龍他界
昭和二十五年	三月　講談定席として正式に運営されるようになる。	
昭和二十七年	孝一郎が千葉県市川市に鈴本亭の支店を開場。	まつみ亭、川崎演芸場、麻布十番倶楽部が開場
昭和二十八年	この頃、講談が人気を回復。本牧亭も賑わう。	ＮＨＫ東京テレビ局が日本初のテレビ放送を開始 講談学校開校 田辺南鶴が「講談研究」を発刊 田辺南龍が芸術祭賞を受賞

昭和二十九年	本牧亭で開校した「寄席大学」に三百名の聴講生がつめかける。	田辺南龍他界
昭和三十三年	経営難となり、若い人にアンケートをとる、はとバスをチャーターし、講談バスを走らせるなどの企画を立てたり、興行形態に工夫を凝らしたり、客離れに対する苦肉の策がとられる。 三月六日　小生夢坊、吉川英治、長谷川伸、徳川夢声らが発起人となり、「本牧亭の席亭・石井英子を励ます会」が開かれる。 十月　大学の落語研究会の連盟である「全落連」に対抗して「講談若い人の会」が誕生。本牧亭昼席常連の大学生、若い講談師が話術、講談のあり方などを研究。	東京タワー完成 正岡容他界
昭和三十四年	六月　次姉悦子他界。 十月　講談特選会の開催で、本牧亭が第十四回芸術祭奨励賞を受賞。	桃川若燕他界 湯浅喜久治他界
昭和三十六年	めし屋「ほんもく」、将棋倶楽部を開業。 六月十日　父孝一郎八十一歳で他界。	本牧亭でＮＨＫ主催の「講談研究会」始まる

昭和三十七年	長女孝子、本牧亭常連だった清水基嘉と結婚。	安藤鶴夫「巷談本牧亭」を読売新聞に連載
昭和三十八年		「巷談本牧亭」、新橋演舞場の前進座公演で劇化
昭和三十九年	十月　「酒亭ほんもく」を開業。「巷談本牧亭」の大当たりで本牧亭の名前が売れ、「巷談前進座」、「立体講談」、バラエティ形式の講談などの企画が受け、講談界が一時的に活性化する。十月二十四日から小生夢坊を団長とする中国旅行に参加、二十七日間にわたって中国の講談、芸能などを視察する。	「巷談本牧亭」第五十回直木賞を受賞 桃川燕雄他界 東京オリンピック開催
昭和四十年	三月　本牧亭、法人組織となる。	邑井貞吉、木偶坊伯鱗、二代目旭堂南陵他界
昭和四十一年	本牧亭芸能企画室発足。催し物の企画から芸人の斡旋までを行う。	一龍斎貞山（七代目）他界
昭和四十二年	企画中心の行き方に行きづまりを見せ、再び客足が遠のく。	神田松鯉（二代目）他界
昭和四十三年	毎月一回、講談組合と危機打開策を討議。	一龍斎貞鳳が「講談師ただいま24人」を出版

		田辺南鶴、一龍斎貞丈（五代目）他界 講談協会設立
昭和四十四年		田辺小鶴、田辺千鶴子ら女流講談師誕生 安藤鶴夫他界
昭和四十五年	鈴本亭が鉄筋ビルに改築され、鈴本演芸場となる。	人形町末広亭閉場
昭和四十六年	講談定席の看板をおろしたため、講談協会との間にいざこざが起こる。	
昭和四十七年	二月　休席とし、改築に着工。 十一月三日　新本牧亭落成。 十一月　次女久子、相川正年と結婚。	
昭和四十八年		講談協会が講談組合と日本講談協会の二派に分裂
昭和五十五年		講談組合、日本講談協会が和解、再び講談協会を設立
平成元年	三月　本牧亭閉場決定。 石井英子が第十一回「一九八九エイボン女性年度賞」を受賞。	三遊亭円楽の「若竹」閉場

平成二年	一月十日　本牧亭閉場。 三月三十一日　下足番の中村勝太郎他界。 十一月　神田に酒亭「ほんもく」オープン。	池袋演芸場閉場〔のち再開〕

本書に登場する主な講談師たち

邑井貞吉（四代目）
明治一二（一八七九）〜昭和四〇（一九六五）年
明治二八（一八九五）年、三代目邑井貞吉に入門。三八（一九〇五）年、四代目襲名。文芸物や時事講談も多く手がけた。戦後、講談組合の頭取を長く務めた。

神田松鯉（二代目）
明治一八（一八八五）〜昭和四二（一九六七）年
明治二八（一八九五）年、父である初代松鯉に入門。明治三八（一九〇五）年、小伯山襲名。大正一〇（一九二一）年に父の没後、真打昇進し二代目を襲名。昭和四〇（一九六五）年、勲五等双光旭日章受章。ユーモラスかつ飄々とした口調で独自の芸風を確立した。

神田伯山（五代目）
明治三一（一八九八）〜昭和五一（一九七六）年
大正七（一九一八）年、二代目桃川若燕に入門。三代目小金井蘆洲門下へ移籍。後に三代目伯山門下に移り五山と改名。伯山の死後、五代目伯龍門下に移るが、伯龍と死別後に神田派から離脱し、三代目桃川如燕を襲名。神田派に復帰し、五代目神田伯山を襲名。四代目伯山は空位とされていたが、後に四代目伯山を自称する。

神田山陽（二代目）
明治四二（一九〇九）〜平成一二（二〇〇〇）年
昭和一〇（一九三五）年、大谷内越山の「一人一話会」入会。一四（一九三九）年、講釈場・聞楽亭を再建。「大阪屋号書店」の跡継ぎとして家業を手伝いつつ、品川連山の名で高座に上がる。一七（一九四二）年、真打昇進。二三（一九四八）年、神田小伯山襲名。三〇（一九五五）年、二代目神田山陽を襲名。平成三（一九九一）年、日本講談協会会長に就任。平成九（一九九七）年、「無形文化財」に認定される。

一龍斎亭貞山（六代目）
明治九（一八七六）～昭和二〇（一九四五）年
明治一九（一八八六）年、四代目貞山に入門。四〇（一九〇七）年、六代目貞山を襲名。昭和一五（一九四〇）年、講談落語協会会長に就任し、演芸界において政治力を発揮した。三代目神田伯山、二代目大島伯鶴とともに人気を集め、ラジオにも多く出演。東京大空襲で被災し死亡。

一龍斎貞丈（五代目）
明治三九（一九〇六）～昭和四三（一九六八）年
大正一五（一九二六）年、四代目昇龍斎貞丈に入門。貞丈の死後、六代目貞山門下となる。昭和七（一九三二）年、五代目貞丈を襲名。昭和四〇（一九六五）年、講談組合頭取となる。四三（一九六八）年の没後、勲四等瑞宝章受章。

一龍斎貞山（七代目）
明治四〇（一九〇七）～昭和四一（一九六六）年
大正一一（一九二二）年、六代目貞山に入門。後に貞鏡を襲名。昭和二二（一九四七）年、七代目貞山を襲名。怪談物を得意とし、「お化けの貞山」と呼ばれた。

一龍斎貞鳳
大正一五（一九二六）～平成二八（二〇一六）年
昭和一三（一九三八）年、五代目一龍斎貞丈に入門。二九（一九五四）年に真打ち昇進。三一（一九五六）年からテレビ放映されたNHKコメディー番組「お笑い三人組」で人気を得る。四六（一九七一）年に自民党から参院選全国区に立候補し当選、一期務めた。主な著書に『講談師ただいま24人』他。

一龍斎貞水（六代目）
昭和一四（一九三九）〜令和二（二〇二〇）年
昭和三〇（一九五五）年、五代目貞丈に入門。四〇（一九六五）年、二つ目格に昇進。四一（一九六六）年、真打昇進、六代目貞水を襲名。平成一四（二〇〇二）年、講談協会会長就任。同年、重要無形文化財保持者（人間国宝）に認定される。二一（二〇〇九）年、旭日小綬章受章。照明や音響などを駆使した「立体怪談」の手法で「四谷怪談」などの怪談を得意とした。

宝井馬琴（五代目）
明治三六（一九〇三）〜昭和六〇（一九八五）年
大正一四（一九二五）年、四代目宝井馬琴に入門。わずか五年で真打に昇進し、昭和九（一九三四）年、五代目馬琴を襲名。四五（一九七〇）年、芸術祭優秀賞受賞。四六（一九七一）年、天皇陛下御前口演を行う。四七（一九七二）年、紫綬褒章受章。同年、二度目の芸術祭優秀賞受賞。五五（一九八〇）年、講談協会会長に就任。

小金井蘆州（六代目）
大正一五（一九二六）〜平成一五（二〇〇三）年
昭和一七（一九四二）年、四代目蘆洲に入門。二四（一九四九）年、真打昇進。西尾麟慶を襲名。四〇（一九六五）年、六代目小金井蘆州を襲名。平成三（一九九一）年、講談協会会長就任。九（一九九七）年、「無形文化財」に認定される。

田辺南鶴（一二代目）
明治二八（一八九五）〜昭和四三（一九六八）年
明治四一（一九〇八）年、落語家・柳亭燕路に入門。大正六（一九一七）年、講談に転じ、一五（一九二六）年、五代目田辺南龍門下に。昭和一三（一九三八）年、一二代目南鶴襲名。二八（一九五三）年、「講談研究」を創刊。同年、本牧亭にて「講談学校」、二九（一九五四）年、「寄席大学」を開校。四一（一九六六）年、紫綬褒章受章。四三（一九六八）年の没後、勲四等瑞宝章受賞。

田辺一鶴

昭和四（一九二九）～平成二一（二〇〇九）年

昭和二九（一九五四）年、一二代目南鶴に入門。三九（一九六四）年、講談「東京オリンピック」で人気を博し、その後も時事問題などを取り入れた新作講談で広く知られた。四八（一九七三）年、真打昇進。講座「講談大学」の立ち上げや女性講談師の育成など講談界活性化に尽力した。

桃川燕雄

明治二一（一八八八）～昭和三九（一九六四）年

明治三六（一九〇三）年、桃川実に入門。生涯同じ芸名で通した。晩年、安藤鶴夫の直木賞受賞作『巷談本牧亭』のモデルとして一躍有名に。

対談

本牧亭がつないだ講談の昔と今

宝井琴調 × 神田伯山

ゲスト・清水孝子

伯山　『本牧亭の灯は消えず』は、四十二年間、本牧亭という講談席の席亭を務められた石井英子さんの一代記です。本牧亭がなくなったのが平成二年。そのあとに出た本ですね。

清水　平成三年だったと思います。

伯山　琴調先生は本牧亭に間に合っていますが、私は世代的に間に合っていないんですよ。琴調先生、どうでしたか？

琴調　そりゃあ幸せですよ。あんないい思いをさせてもらって。楽屋に行って、お茶を入れて、高座に釈台を置けば、前座の仕事は終わりなんだ。今は、いろんな場所を借りちゃあ、掃除して高座を作って……。そんな若い人たちの姿を見ると、申し訳ないなと思うよ。

伯山　昭和四十七年に建て替えた後の本牧亭の高座は、総檜《そうひのき》づくりだったんですよね。

琴調　前座のころ、お客さんがほとんどいないのに、学生さんが何人か来た。でも、高座に集中していないんだよ。じーっと……（まわりを見回す）。何だろうと思ったら、早稲田の建築科の先生が生徒を連れて来て「これが理想的な寄席だ」って見せていたの。

伯山　ははは。講談は聴かずに。

琴調　俺たちを聴きに来たんじゃなくて、建物を見に来た。

伯山　採算度外視で建てた感じですよね。

琴調　清水基嘉《もとよし》社長が美意識の塊みたいな方だったから。セコな材料で作りたくないわけよ。

伯山　建て替える前の本牧亭に、うちの師匠の神田松鯉（三代目）は間に合っているんですよ。松鯉は「本牧亭が新しくなったとき、その美しさが誇り高く、嬉しくてしょうがなかった」って言っていました。

琴調　そうだろうねえ。都内で一番きれいで、それが講釈をやるための小屋なんだもの。

伯山　琴調先生はそこへ入門した。めちゃくちゃいい時代ですよね。

琴調　でも、それしか知らないから、こんなもんだと思ってた。それで一日のお客さんは五、六人なの。（笑）

客が来ないのは「時代」のせい？

伯山　この本は石井英子席亭と先代の神田伯山先生（五代目）が言い争っているところから始まるんです。席亭が「時代にあった講釈をやって、若いお客さんを呼んでくださいよ」というと、伯山先生が「昔から受け継いできた芸をちゃんとやればお客はついてくるんです」と答えて、言い争いになる。

琴調　本牧亭があったのは戦後の高度経済成長期からバブルが弾ける前。そのころのお客様は、おじいちゃんしかいませんよ。

伯山　バブル絶頂でものすごいお金がまわってる時に、本牧亭には誰も来なかったと。ノスタルジーなんか求めていないんでしょうね、時代がイケイケだから。今だったら「桟敷席も風情があっていいね」ってなるでしょうけど。

琴調　昔の常連はほとんど笑わない。小沢昭一さんがどこかで書いていらしたけど、先代の神田松鯉先生（二代目）がくだらないことを言ったんで「わはは」と笑ったら、常連のおじいさんたちにジロリとにらまれた。「講談は笑っちゃいけないんだ」と思いながら帰ろうとすると、常連たちが「いやあ、今日の松鯉は笑いましたな」って言い合ってる。「笑ってたの⁉」って。

伯山　先生が宝井馬琴先生（五代目）に入門したときは、建て替えてから何年目くらいでしたか？

琴調　一、二年目くらいかな。

伯山　その時はお客さんも来てたんじゃないですか？

琴調　できてすぐの頃は、新しい本牧亭を見たくてやってくるお客もいたらしいけど、俺が入ったころはぴたっと来なくなった。楽屋の先生たちが「まったく、どうなってんだ世の中は」「来んな、客が」って。「『来んな』って、来ないよ、何にもしなきゃ」って思うんだけどさ。（笑）

伯山　誰も自分たちのことを責めず。（笑）

琴調　全員が、お客の来ないのを「時代」のせいにしてたもんね。

講釈師が独演会で「さよなら」を

琴調　平成二年一月十日に休場することが前年に決まったので、「さよなら」をしたいと、すべての講釈師が本牧亭さんの興行とは別に独演会をやった。俺も自分の会で「出世の春駒」と「夜もすがら検校《けんぎょう》」をやりました。「夜もすがら」は好きな話で、年を取ってからやるつもりだった。本当はまだ早い、まだできないけど、本牧の建物がなくなるのなら、

「やって終わりたい」って思ったんだ。

伯山　本の中にも書いてありますけど、休場にいたるまで、講談バスツアーとか、石井英子席亭がいろいろな企画をしています。そこまでやって、さらに安藤鶴夫さんの直木賞受賞作『巷談本牧亭』を読んだお客さんが来ても、また離れていっちゃうっていう。受難の時代を四十二年も守ってきた。

琴調　おかみさんも清水さんも経営ということ考えず、どうしたら講談の寄席を続けられるかしか考えてなかった。普通、どうやってやめようって考えるよね。（笑）

伯山　「どうしたら講談に客が入るか」って、ずっと悩んでいらして。

琴調　芸人より悩んでいた（笑）。もっと前だけど、五代目の一龍斎貞丈先生とか一龍斎貞鳳先生が、洋服でやったり歌手と共演したり、新しいこともいろいろやってるんですよ。うちの師匠も舞台にピアノを持ち出して、ベートーベンの「月光」を講談でやった。

伯山　うちの大師匠（二代目神田山陽）も、女流講釈師のお弟子さんと三人でやったりとか、立ち上がっちゃったりとか、いろいろ。

琴調　田辺一鶴《いっかく》先生がね、力が入ると高座を下りて、客席をまわって歩き出すの。もう一所懸命。

伯山　客席は死ぬほど重たくて、何の反応もないのに下りて行っちゃう。

琴調　普通めげるんだけど、一鶴先生はめげなかったね。
伯山　若い人はみんな、どうやって食べてたんですか？
琴調　ほんと不思議だよね。俺と（宝井）琴星《きんせい》兄貴が一緒に真打ちになったとき、口上書の絵を先代の桂小南師匠に描いていただくことになって、ご挨拶に伺ったの。「真打ちになるの。で、仕事は何してんの？」「講談です」「それはわかってるけど、仕事は？」「いやあの、講談ですけど」「会社とかに勤めてないの？」「はい」――「えっ、講談で食べられるの⁉」って、小南師匠に驚かれた（笑）。そんな感じだったんだろうね。

愛すべきどんぶり勘定

伯山　本牧亭はお客さんが埋まったら二百人くらいですか。
清水　百二十です。でも畳席だから、詰めればいくらでも入っちゃう。襖《ふすま》を開けて廊下にも入っていただくことがありました。
伯山　廊下に座らせちゃえばいいっていう発想が、どんぶり勘定でいい感じです。（笑）
琴調　永六輔さんが「これからも新しいホールはいっぱいできるだろう。でも、売店があって、女中がいて、たばこ盆が置いてある畳の、この空間ができることはもうないんじゃないか」って、書いてくれた。そのとおりだよねえ。

伯山　講談だけじゃなく、いろんな芸がその空間で……。

琴調　義太夫、常磐津《ときわづ》、新内《しんない》、小唄。各大学の落語研究会もやっていたから。さだまさしさんも落研《おちけん》時代に、ここでやってるんじゃないかな。

伯山　貸席でみんなが使ってたんですね。ぜんぶ畳だから、今のお客さんは座りにくいでしょうね。

琴調　昔の人たちは平気だった。寝てる人もいたしね。

伯山　先生の頃も、寝てる人はいたんですか。

琴調　いたいた。客席がガラガラだったから、座布団を二つにたたんで寝てる人がいっぱいいいた。将棋さしてる人もいたなあ。

芸人も従業員も「みんな家族」

伯山　この本に登場する従業員さんたちも素敵な人が多いですね。琴調先生は、下足番のおじちゃんをよく知っていたそうですが。吉川潮《うしお》先生の『本牧亭の鳶《とんび》』で小説になった、中村勝太郎《かつたろう》さんでしたっけ？

琴調　タコっ鉢巻で、広小路を松坂屋の方に歩いていく。あたしが「おっちゃーん」って声かけてすれ違うと、まわりの人が「おおっ」って驚くんだ。あの辺の名物男だったからさ。

伯山　年中、鳶の頭の格好をしていたそうで。「世の中で一番偉いのは天皇陛下で、二番目に偉いのが鳶の頭」って本にも書いてありました。

清水　そう、勝ちゃん。亭主（清水基嘉氏）のじいやだったんですよ。結婚したときに亭主と秋田犬と、一緒にうちに来たんです。（笑）

伯山　本牧亭に住んでいたんですか？

琴調　日本で一番広い寝室を持っていた人だよ。あの本牧亭の客席で寝てたんだから。

清水　うちにはいつもいろんな人がいましたよ。先代の神田松鯉さんなんかも、高座を降りると二階に降りてきて、私たちと一緒に栗むいて食べたり、うちのお風呂に入ったり。母が「先生の麻の着物がしわくちゃになっちゃう」って、霧吹きをかけて置いておいたり。

伯山　家族同様ですね。

清水　だから私、どなたのことも「先生」と呼んだことがないんです。松鯉さんとか、先代の貞丈先生は「おじさん」と言っていましたし。

琴調　本牧亭では、本当にゆったりと時間が流れていたんですよ。

講談を知るための大事な本

伯山　コロナ騒ぎがこの先どうなるかわからないけれど、この本を出すことによって、来年以降、また空気が変わってくれたらいいなと思います。そうそう、この秋に始まる泉岳《せんがく》寺《じ》講談会は、講談協会と日本講談協会という二つの協会の共催という、歴史的な企画ですね。

琴調　泉岳寺には赤穂義士の墓があるから、「知ってるけど、行ったことはない」という人でも「それなら行ってみよう」って気になるよね。

伯山「これからどうなっていくんだろう」ってお客様がワクワクする。そういう会が一つ二つと増えてくるといいなあと思います。

琴調　戦後に本牧亭ができたときも「講釈場ができた」という高揚感があって、その喜びがこの本から伝わってくるよね。かつて二百二十軒ほどもあった講釈場が、昭和の戦前には三軒に減って、戦後、全部なくなっちゃった。そこで一軒、やっとできたんだから。

伯山　そして本牧亭があったからこそ、講談の世界が現在にまでつながって、いま、ようやく光が当たってきた。「講釈を知る」という本の中では、五本の指に入るんじゃないかな。大事な本ですよ。

清水　本を出すとき、母がいやだいやだって言ってましたけど（笑）。「あたしの恥をさらすみたいでいやなのよ」って。
伯山　ご一家のこともみんな出てきちゃう。
清水　そうですねえ。ちょっと違うところもあるんですけど。まあまあ。私があっちへ行ったら、母にこうだったわよって言いますから。（笑）
琴調　文庫本になったわよ、とか。
伯山　文庫本で二刷りまで出たわよとか。そうなるといいですね。

四代目 宝井琴調　一九五五年熊本県生まれ。一九七四年、五代目宝井馬琴に入門。前座名「琴僚」。七九年、二ツ目昇進。八五年、真打昇進し「琴童」と改名。八七年、四代目宝井琴調を襲名。講談協会、落語協会に所属。

六代目 神田伯山　一九八三年東京都生まれ。二〇〇七年、三代目神田松鯉に入門。前座名「松之丞」。一二年、二ツ目昇進。二〇年、真打ち昇進と同時に六代目神田伯山襲名。日本講談協会、落語芸術協会に所属。

（二〇二一年七月、中央公論新社にて　構成・長井好弘）

解説

客と演者とおかみさん――本牧亭をめぐる人間模様

長井好弘

講談定席・本牧亭のおかみさん、石井英子とはどういう人だったのか。

昭和の半ば、いや、昭和三十年生まれの僕が覚えているのだから、昭和の終わるぐらいまでだろうか。東京の下町にこういう女性がいたなあと、懐かしく思い出す。

単なる下町のおばちゃんではない。同地域に住んではいるが、うるさ型のおばちゃんたちが一目も二目も置く「奥さん」である。

何より、話し言葉が素敵だ。本書の冒頭、名人気質《かたぎ》が着物で歩いているような五代目神田伯山を向こうに回し、「このままでは本牧亭は時代遅れの骨董品屋《こっとうひんや》になってしまいますよ」「こ、骨董品てのは失礼じゃないかい」と、本牧亭＝講談の行く末について激論（？）をたたかわせたおかみさん。「時代遅れの骨董品屋」というずいぶんな言いようがいかにも東京っ子らしいが、それにもまして、その後の仲直りの弁がふるっている。

「あれだけ言い争っても後くされはないんです。伯山さんは私より一回り上の戌《いぬ》でしてね。性格が似ているのか、強情っぱりで、頑固で、すぐカッとなるけど、終わるとケロッとしている。すぐ忘れちゃうんですね。議論をした後も、前に変わらず可愛がってもらいましたよ」

この談話のニュアンスは、文字だけでは伝わらない。ぜひとも生の言葉で聞きたかった。多少乱暴な言い回しも出てくるが、がらっぱちのおばちゃんよりは少し上等の、由緒正しき東京言葉がここにある。こんなセリフを、ガラス職人の女房で、強情っぱりで、頑固で、すぐカッとなった僕の亡き母が聴いたら、ころりとまいって、熱烈なおかみさんファンになっただろう。

もっとも、おかみさんは、ただの「昭和の正しき東京っ子」ではない。

東京きっての老舗《しにせ》寄席の一家に生まれ、「放課後、同級生とよく鈴本で遊びました。（中略）寄席をのぞくことは禁じられていましたが、こっそり見てました」という、何ともうらやましい少女時代を過ごしている。

三代目神田伯山の絶品「清水次郎長伝」も、伊藤痴遊《ちゆう》の生々しい政治講談も、吉慶堂李《きっけいどうり》彩《さい》のとんぼ返りの手品も、そして初代桂小南《こなん》の珍芸中の珍芸「電気踊り」なども、日常生活の中で見聞きしていた。

「典型的な東京っ子」と「老舗の寄席育ちのお嬢さん」。一般的でもあり特異でもあるという環境で育ったお嬢さんなんて、ざらにはいない。だから、すこぶる面白い。かなりの著名人の一代記であっても、まだその業績とは関わりのない幼少期の項が楽しいとは限らないのに、だ。

こういう魅力的な女性が、戦後の東京で、我が国唯一の講釈場（講談専門の寄席）の席亭を四十年以上もつとめたのである。順風満帆と思える時期はごくごく短い。残りの大半、本牧亭の開業期間とほぼ同じ歳月を、少ない客席とにらめっこで過ごした。

もちろん、おかみさんは、ただ指をくわえていただけではない。講釈師を乗せたバスを走らせ、隅田川に講談船を浮かべ、新奇な講談会を次々企画し、時には、非常事態に動かない講釈師の尻を叩いて、講談の振興を図り、講談を守ろうとした。

成功も失敗もあった。本書を読めば、むしろ成功のほうが多い気がする。ただ、そうであっても、おかみさんの前には、常に経営という現実的な問題が立ちふさがっていたのである。

それでも、おかみさんは、皆に愛された。

「非常に太っ腹ですね。それでいて情味のある人でね。あの気っぷはいいね。本当にね、小さいことにこだわらないでしょ」（画家、今村恒美《つねみ》）
「粋な年増でね。それで江戸ッ子ですからすごく人情にもろいんです。普通、席亭といえばそっくり返るもんですよ。それがなくて若いもんでも大事にしてくれた」（講釈師、小金井蘆州）
「素敵なおかみさんでしたよ。姿形だけじゃないんです。情にもろくて、面倒見がいいんです。（中略）私が三十五年間も本牧亭にいたのは、おかみさんがいい方だったからです。私はずっとおかみさんのようにならなくっちゃ、と思いつづけてきたんですよ」（元従業員、岩崎静子）
これらのコメントには、まだ先がある。「だから、若い芸人から慕われた」「だから、みな、尽くしてきたんです」という言葉が必ず付いているのだ。
ただ、本書におかみさんの真意がすべて記されているかというと、いささか心もとない。「おかみさんは、自分がいかに駄目な人間であるかという話なら一時間でも喋っているような人である。（中略）おかみさんのことをよく知っているある人も『本当に駄目だと思っているところが、いいんじゃないですか』といっていた」（聞き手、荒木元）

「私は普通の明治の女だということです。世の中には、酔狂な方がいらして、女傑・石井英子といっては励ます会を開いてくださる。たいへんありがたいことなんですが、そういうことが積み重なって、いつの間にか自分ではない自分が世間をひとり歩きするようになったと思うんです」

自分のことは「ダメダメ」で、決して他人を悪く言わない。おかみさんがそういう人だから、取材者は本音を引き出すのに苦労したはずだ。

本書が世に出た平成三年の読売新聞「顔」欄に登場したおかみさんが、本牧亭閉場への思いを問われている。

〈「長年やっていますと、私自身の心のよりどころにもなりまして」としか語らない〉

記者の困った顔が思い浮かぶ。

本書では、番組作りや経営問題について、おかみさんの言葉の足りない部分は、多くの講釈師や関係者に取材し、相手側からの視点でおかみさんの言わんとする所を補おうとしている。

それでも、なお、足りない部分がありそうだ。そんなおかみさんは何を語り、何を語っていないのだろう。読者が歳を重ね、演芸に親しむ機会が増え、講談の歴史、新旧講談師の素顔、寄席の日常などを知れば、おかみさんの言葉の中にある「空白」を埋めることができるのかも。そうなると、本書はぐんと面白さを増すに違いない。一度きりではなく、間を空けて何度も読んでみることをおすすめしたい。

本書を手に取るのは講談ファンだけではないだろう。落語ファン、寄席ファンの人にも読んでもらいたい。本牧亭という素晴らしい空間は、講談だけのものではないからだ。畳敷きで百二十人ほどが入る本牧亭は、伝統芸能の公演にはうってつけの空間だった。だから、「講談定席」以外の日は、貸席として、新内、女流義太夫、落語などで、「これは」という会が多数催された。

私事だが、昭和五十年代前半が学生で、後半が駆け出し新聞記者だった僕は、前半は授業をサボって、後半は上司の目を盗み、本牧亭の客席にいることがしばしばだった。

講談定席は、何度も挑戦しては、その度、敗退した。落語会に行くときは低い本牧亭の敷居が、講談の日には何倍にも高くなる。木戸に下足を預け、とんとんと二階へ上がる。恐る恐る桟敷へ足をむけると、壁際に張り付いた年配の常連が一斉にじろりとこちらを一睨み。この視線に耐えられる学生はよほどの講談マニアだろう。思えば僕も、おかみさんが何とかあちら側に引き込もうとする「若いお客さん」の一人だったのだ。当時はまったく期待に添えなかったけれど。

その代わり、貸席の落語会にはよく行った。当時、「最強の二ツ目の会」と呼び声高かった花形落語会。毎回五日連続の開催で、熱演続きで時間を忘れた。柳家さん喬《きょう》、五街道雲助らのレギュラーの大半が今は落語界の「看板」である。柳家小三治、入船亭扇橋《いりふねていせんきょう》、桂文朝という実力派のネタおろしの会「三人ばなし」も本牧亭で始まった。

最も印象に残っているのは、「春風亭小朝の会」だ。その頃人気絶頂で真打間近と言われていた小朝が毎回、五代目柳家小さんクラスの大物を招いて催す勉強会。本牧亭前にできる女性ファンの大行列に加わるのには、かなりの勇気が必要だった。

また、現役の講釈師、そしてすべての若き演芸家にもぜひ本書を読んでほしい。

若い講談師は、ホームグラウンドを持たず、それが当たり前の環境で育ってきた。だから、「拠点としての本牧亭」と言われても実感が伴わないかもしれない。「私とは関係ない」と切り捨てるのは簡単だが、関係は「ある」のだ。

先ごろ人間国宝として亡くなった一龍斎貞水はこの本牧亭で長く前座を務め、楽屋の名物男だった木偶坊伯鱗《でくのぼうはくりん》や桃川燕雄らの古老から受け継いだ読み物を十八番《おはこ》にした。また、今、若い講談ファンを沸かせている六代目伯山の大師匠は、本書にキーパースンの一人として何度も登場する二代目神田山陽である。今、ここにある講談のルーツは、まぎれもなく本牧亭にある。自分たちの師匠、大師匠が本牧亭で修業し、おかみさんに励まされ、時には叱咤も受けているのだ。

紆余曲折、浮き沈みを繰り返しながら、現在まで連綿と続く講談という芸。その長い歴史の中の、わずか四十数年のことではあるが、本牧亭はしっかりと爪痕を残してきた。

講談の現在と未来、その立ち位置を考える若い講談師が本書を読み通せば、誰もが同じ思いに到達するはずだ。

「私たちもホームグラウンドがほしい」

六代目伯山も襲名以来、あらゆるメディアを通して「いつか講談の寄席をつくりたい」と訴えている。若き講談師たちが夢に向かって立ち上がる時、必ずや、本書が彼らのバイブルになることだろう。

本書は、「強情っぱりで、頑固で、すぐカッとなるけど、終わるとケロッとしている」という東京っ子・石井英子の一代記であると同時に、石井英子というおかみさんがいる本牧亭の木戸をくぐった、有名無名の講釈師、常連客、従業員らの人間模様の記録でもある。

彼らが集《つど》い、泣き、笑い、感動し、ときには喧嘩し、去り、また再びやってくる。そんな愛すべき情景に浸っていると、古いアメリカ映画のタイトルが語源だという「グランドホテル形式」という言葉が浮かんでくる。ホテルのような場所にさまざまな事情を抱えた人々が集まり、そこから人間ドラマが展開していく――。本牧亭はもちろん、紛れもない講釈場だが、人々をひきつけてやまない華麗なグランドホテルに見えてくる。

唯一無二の講釈場が、いつかどこかで復活してくれることを夢見ながら、もう一度、本書を開き、本牧亭とその時代の空気に浸りたい。

（ながい・よしひろ　演芸評論家）

さ 行

人名索引

各名跡については本文中に登場する最後のものを立項し、同一人物の前名については下位項目とした。

この索引中で区別する必要がある場合のみ、代数を付した。

あ 行

か 行

編集付記

一、本書は、『本牧亭の灯は消えず　席亭・石井英子一代記』（一九九一年四月　駸々堂刊）を底本とした。文庫化にあたり、人物解説、対談、解説、人名索引を新たに加えた。

一、底本中、明らかな誤植と思われる箇所は訂正し、難読と思われる語には新たにルビを付した。また〔　〕内に編集部注を付した。

編集協力　長井好弘
資料提供　橘右樂

中公文庫

本牧亭《ほんもくてい》の灯《ひ》は消《き》えず
――席亭《せきてい》・石《いし》井《い》英《ひで》子《こ》一代記《いちだいき》

2021年10月25日　初版発行

著　者　石《いし》 井《い》 英《ひで》 子《こ》

発行者　松 田 陽 三

発行所　中央公論新社
〒100-8152　東京都千代田区大手町1-7-1
電話　販売 03-5299-1730　編集 03-5299-1890
URL http://www.chuko.co.jp/

ＤＴＰ　嵐下英治
印　刷　大日本印刷
製　本　大日本印刷

Published by CHUOKORON-SHINSHA, INC.
Printed in Japan　ISBN978-4-12-207122-3 C1123

中公文庫既刊より

各書目の下段の数字はISBNコードです。978－4－12が省略してあります。

か-92-1
桂馬の高跳び　坊っちゃん講釈師一代記
神田山陽（二代目）
明治生まれの若旦那、張り扇片手に芸の道へ。講談を愛し、講談に尽くした「革命家」二代目神田山陽の痛快な一代記。孫弟子・六代目神田伯山による解説収録。
207002-8

あ-79-2
高座のホームズ　昭和稲荷町らくご探偵
愛川晶
昭和五〇年代、稲荷町の落語長屋。噺家連中が持ち込む謎の数々を解き明かすのは、八代目林家正蔵（のちの彦六）⁉　名人の推理が光る洒脱な落語ミステリー。
206558-1

あ-79-3
黄金餅《こがねもち》殺人事件　昭和稲荷町らくご探偵
愛川晶
古典落語の名作「黄金餅」を彷彿とさせる怪事件が雪の東京で発生した！　落語界の大看板にして名探偵・八代目林家正蔵が謎に挑む痛快落語ミステリー第二弾！
206645-8

あ-79-4
道具屋殺人事件　神田紅梅亭寄席物帳
愛川晶
真打ちを目指し、日々修業に励む二つ目・寿笑亭福の助の周辺で次々と謎の怪事件が勃発！〝落語ミステリ〟の異才が放つ珠玉の三編。〈解説〉宇田川拓也
206722-6

あ-79-5
高座のホームズみたび　昭和稲荷町らくご探偵
愛川晶
「犬の目」を口演中の二つ目・佃家花蔵が酔客に左眼を殴打され、次いで花蔵の兄弟子・傳朝が暴漢に襲われる。八代目林家正蔵の推理は⁉〈解説〉西上心太
206775-2

あ-79-6
芝浜謎噺　神田紅梅亭寄席物帳
愛川晶
二つ目・寿笑亭福の助の元弟子が『芝浜』の稽古をつけてほしいと泣きついてきた。口演が難しい人情噺に拘るのには深い事情が。異色の落語ミステリ三篇。
206808-7

あ-79-7
芝浜の天女　高座のホームズ
愛川晶
天女のように美しい妻の秘密とは？　女に金に、芸の道に悩める噺家たちが今日も探偵・林家正蔵の長屋へやってくる。落語ミステリー第四弾。〈解説〉広瀬和生
206903-9

お-82-4
江戸落語事始 たらふくつるてん 奥山景布子
口下手の甲斐性なしが江戸落語の始祖⁉ 殺人の濡れ衣や綱吉の圧制に抗いながら、決死で〝笑い〟を究めた咄家・鹿野武左衛門の一代記。〈解説〉松尾貴史
207014-1

た-56-1
新釈落語咄 立川談志
古典落語の真髄を現代訳した〝家元〟談志の落語論。「粗忽長屋」から「妾馬」まで珠玉の二十篇に新たに光が当てられ、いま蘇る。〈解説〉爆笑問題・太田 光
203419-8

あ-66-1
舌 天皇の料理番が語る奇食珍味 秋山徳蔵
半世紀以上を天皇の料理番として活躍した著者が「舌は味覚の器であり愛情の触覚」と悟った極意をもって秘食強精からイカモノ談義までを大いに語る。
205101-0

あ-66-2
味 天皇の料理番が語る昭和 秋山徳蔵
半世紀にわたって昭和天皇の台所を預かり、日常の食事と無数の宮中饗宴の料理を司った「天皇の料理番」が自ら綴った一代記。〈解説〉小泉武夫
206066-1

あ-72-1
流転の王妃の昭和史 愛新《あいしん》覚《かく》羅《ら》浩《ひろ》
満洲帝国皇帝弟に嫁ぐも、終戦後は夫と離れ次女を連れて大陸を流浪、帰国後の苦しい生活と長女の死……激動の人生を綴る自伝的昭和史。〈解説〉梯久美子
205659-6

あ-36-2
清朝の王女に生れて 日中のはざまで 愛新覚羅顕琦《あいしんかくらけんき》
故郷や実姉の「女スパイ」川島芳子の思い出、女子学習院留学から文革下二十数年の獄中生活など、さすらいの王女の感動的な自伝。〈解説〉上坂冬子
204139-4

な-59-1
遺し書き 仲代達矢自伝 仲代達矢
「陰気は私のコンプレックスだった」。貧しさと飢えの中で育ち、敗戦で人間不信に陥った少年は、ある女性と出会い名優への道を歩み出す。渾身の自伝。
205344-1

た-5-3
高橋是清自伝（上） 高橋是清 上塚司 編
日本財政の守護神と称えられた明治人の足跡。海外を流浪した青年時代、帰国後大蔵省に出仕するも飽きたらず、銅山経営のため南米に渡るまでを綴る。
206565-9

各書目の下段の数字はISBNコードです。978-4-12が省略してあります。

た-5-4
高橋是清自伝(下)
高橋是清
上塚司編
失意の銅山経営から帰国後、実業界に転身。やがて日本銀行に入る。そして日露戦争が勃発、祖国の命運を担い、外債募集の旅に赴く。〈解説〉井上寿一
206566-6

ま-33-3
名人に香車を引いた男 升田幸三自伝
升田幸三
強烈な個性と鬼神の如き棋力をもって不世出の将棋名人となった升田幸三が、少年時代から名人位獲得までの波瀾の半生を奔放に語った自伝。主要棋譜を収録。
204247-6

ま-46-1
完本 麿赤兒自伝 憂き世戯れて候ふ
麿赤兒
舞踏集団「大駱駝艦」を率いその芸術表現を高く評価される世界的舞踏家・麿赤兒。70年代のアングラ時代から現在まで波瀾万丈の半生を綴った熱気溢れる自伝。
206446-1

や-36-2
自伝 若き日の狂詩曲
山田耕筰
童謡・オペラの作曲を始め、わが国交響楽運動の創始者として、近代音楽史に輝かしい足跡を残した山田耕筰の破天荒な青春記。〈解説〉井上さつき
206218-4

カ-5-2
カーネギー自伝 新版
カーネギー
坂西志保訳
移民の子から鉄鋼王へ、その成功哲学の原点をたどる感動の自伝。カーネギーを敬した渋沢栄一による本邦初訳版序文ほかを新たに収録。〈解説〉亀井俊介／鹿島茂
207105-6

キ-3-33
ドナルド・キーン自伝 増補新版
ドナルド・キーン
角地幸男訳
日本文学を世界に紹介してきた著者。ブルックリンの少年時代から、日本国籍取得まで、三島由紀夫ら作家たちとの交遊など、秘話満載で綴った決定版自叙伝。
206730-1

マ-11-1
完訳 マルコムX自伝(上)
マルコムX
濱本武雄訳
スラムの中で麻薬を常用、強盗にまで堕したマルコムは、刑務所で自己の価値に目ざめ、黒人イスラム教団の最も戦闘的で説得力のあるリーダーとなる。
203997-1

マ-11-2
完訳 マルコムX自伝(下)
マルコムX
濱本武雄訳
非宗派的な黒人解放組織を設立し、新しい活動を深めるなかでの暗殺。なぜ黒人は人間であることを否認されるのか。問いは今も重い。〈解説〉猿谷要
203998-8

ロ-5-1
ロブション自伝
J・ロブション
伊藤 文訳
世界一のシェフが偏食の少年時代、怒濤の修業、三つ星を負った苦悩、日本への思い、フリーメイソン、引退・復活の真相を告白。最新インタビュー付。
204999-4

あ-32-10
ふるあめりかに袖はぬらさじ
有吉佐和子
世は文久から慶応。場所は横浜の遊里岩亀楼。尊皇攘夷の風が吹きあれた幕末にあって、女性たちはどう生き抜いたか。ドラマの面白さを満喫させる傑作。
205692-3

あ-32-11
出雲の阿国《おくに》（上）
有吉佐和子
歌舞伎の創始者として不滅の名を謳われる出雲の阿国《おくに》だが、その一生は謎に包まれている。日本芸能史の一頁を活写し、阿国に躍動する生命を与えた渾身の大河巨篇。
205966-5

あ-32-12
出雲の阿国（下）
有吉佐和子
数奇な運命の綾に身もだえながらも、阿国は踊り続ける。歓喜も悲哀も慟哭もすべてをこめて。桃山の大輪の華を描き、息もつかせぬ感動のうちに完結する長篇ロマン。
205967-2

あ-32-5
真砂屋《まなごや》お峰
有吉佐和子
ひっそりと家訓を守って育った材木問屋の娘お峰はある日炎の女に変貌する。享楽と頽廃の渦巻く文化文政期の江戸を舞台に、鮮烈な愛の姿を描く長篇。
200366-8

あ-59-4
一 路（上）
浅田次郎
父の死により江戸から国元に帰参した小野寺一路は、参勤道中御供頭のお役目を仰せつかる。家伝の行軍録を唯一の手がかりに、いざ江戸見参の道中へ！
206100-2

あ-59-5
一 路（下）
浅田次郎
蒔坂左京大夫一行の前に、中山道の難所、御家乗っ取りの企てなど難題が降りかかる。果たして、行列は期日通りに江戸へ到着できるのか――。〈解説〉檀 ふみ
206101-9

あ-59-6
浅田次郎と歩く中山道 『一路』の舞台をたずねて
浅田次郎
中山道の古き良き街道風景や旅籠の情緒、豊かな食文化などを時代小説『一路』の世界とともに紹介します。いざ、浅田次郎を唸らせた中山道の旅へ！
206138-5

各書目の下段の数字はISBNコードです。978－4－12が省略してあります。

あ-59-7
新装版 お腹召しませ　浅田次郎
幕末期、変革の波に翻弄される武士の悲哀を描く傑作時代短編集。書き下ろしエッセイを特別収録。司馬遼太郎賞・中央公論文芸賞受賞作。〈解説〉橋本五郎
206916-9

あ-59-8
新装版 五郎治殿御始末　浅田次郎
武士という職業が消えた明治維新期、行き場を失った老武士が下した、己の身の始末とは。表題作ほか全六篇に書き下ろしエッセイを収録。〈解説〉磯田道史
207054-7

し-15-10
新選組始末記 新選組三部作　子母澤寛
史実と巷談を現地踏査によって再構成した不朽の実録。新選組研究の古典として定評のある、子母澤寛作品の原点となった記念作。〈解説〉尾崎秀樹
202758-9

し-15-11
新選組遺聞 新選組三部作　子母澤寛
新選組三部作の第二作。永倉新八・八木為三郎・近藤勇五郎など、ゆかりの古老たちの生々しい見聞や日記で綴った、新選組逸聞集。〈解説〉尾崎秀樹
202782-4

し-15-12
新選組物語 新選組三部作　子母澤寛
「人斬り鍬次郎」「隊中美男五人衆」など隊士の実相を綴った表題作の他、近藤の最期を描いた「流山の朝」を収載。新選組三部作完結。〈解説〉尾崎秀樹
202795-4

し-15-15
味覚極楽　子母澤寛
〝味に値無し〟——明治・大正のよき時代を生きた粋人たちが、さりげなく味覚に託して語る人生の深奥を聞書き名人でもあった著者が綴る。〈解説〉尾崎秀樹
204462-3

し-15-16
幕末奇談　子母澤寛
新選組が活躍する幕末期を研究した「幕末研究」と番町皿屋敷伝説の真実など古老の話を丹念に拾い集めた「露宿洞雑筆」の二部からなる随筆集。
205893-4

し-15-18
愛猿記　子母澤寛
誰にもなつかないと評判の猛猿が不思議と著者にはたちまちなついた。三匹にわたって飼い継いだ猿との哀歓の日々。〈解説〉網淵謙錠〈巻末エッセイ〉土門拳
207046-2

お-78-1
三浦老人昔話　岡本綺堂読物集一
岡本綺堂
死んでもいいから背中に刺青を入れてくれと懇願する若者、置いてけ堀の怪談——岡っ引き半七の友人、三浦老人が語る奇譚の数々。〈解題〉千葉俊二
205660-2

お-78-2
青蛙堂鬼談《せいあどうきだん》　岡本綺堂読物集二
岡本綺堂
夜ごと人間の血を舐る一本足の美女、蝦蟇に祈禱をするうら若き妻、夜店で買った猿の面をめぐる怪異——暗闇に蠢く幽鬼と妖魔の物語。〈解題〉千葉俊二
205710-4

お-78-3
近代異妖篇　岡本綺堂読物集三
岡本綺堂
人をひとり殺してきたと告白する藝妓のはなし、影を踏まれるのを怖がる娘のはなしなど、江戸から大正期にかけてのふしぎな話を集めた。〈解題〉千葉俊二
205781-4

お-78-4
探偵夜話　岡本綺堂読物集四
岡本綺堂
死んだ筈の将校が生き返った話、山窩の娘の抱いた哀切な秘密、駆落ち相手を残して変死した男の話など、探偵趣味の横溢する奇譚集。〈解題〉千葉俊二
205856-9

お-78-5
今古探偵十話　岡本綺堂読物集五
岡本綺堂
中国を舞台にした義侠心あふれる美貌の女傑の話、新聞記事に心をさいなまれてゆく娘の悲劇「慈悲心鳥」など、好評「探偵夜話」の続篇。〈解題〉千葉俊二
205968-9

お-78-6
異妖新篇　岡本綺堂読物集六
岡本綺堂
狢《むじな》や河獺《かわうそ》など、近代化がすすむ日本の暗闇にとり残された生き物や道具を媒介に、異界と交わるものたちを描いた「近代異妖篇」の続篇。〈解題〉千葉俊二
206539-0

お-78-7
怪　獣　岡本綺堂読物集七
岡本綺堂
自分の裸体の写し絵を取り戻してくれと泣く娘の話、美しい娘に化けた狐に取り憑かれる歌舞伎役者の話など、綺堂自身が編んだ短篇集最終巻。〈解題〉千葉俊二
206649-6

お-78-8
玉藻の前
岡本綺堂
「殺生石伝説」を下敷きにした長編伝奇小説。平安朝、金毛九尾の妖狐に憑かれた美少女と、幼なじみの陰陽師の悲恋。短篇「狐武者」を収載。〈解題〉千葉俊二
206733-2

各書目の下段の数字はＩＳＢＮコードです。978－4－12が省略してあります。

き-17-10
魂の沃野（上）　北方謙三
加賀の地に燃え拡がる一向一揆の炎。蓮如や守護・富樫政親との奇縁から、闘いに身を投じることになった地侍・小十郎の青春を描く血潮たぎる歴史巨篇開幕！
206781-3

き-17-11
魂の沃野（下）　北方謙三
蓮如の吉崎退去、小十郎の恋、そして守護・政親の強権。加賀の雪が、血に染まる時が近づいていた。一向一揆を生きた男たちそれぞれの明日。〈解説〉清水克行
206782-0

き-17-4
道誉なり（上）　北方謙三
「毀すこと、それがばさら」。後醍醐帝との暗闘、実弟直義との対立で苦悩する将軍足利尊氏を常に支え南北朝動乱を勝ち抜いたばさら大名佐々木道誉とは。
203346-7

き-17-5
道誉なり（下）　北方謙三
足利尊氏・高師直派と尊氏の実弟直義派との抗争は一触即発の情勢に。熾烈極まる骨肉の争いに道誉は……。「ばさら太平記」堂々の完結！〈解説〉縄田一男
203347-4

き-17-6
楠木正成（上）　北方謙三
乱世到来の兆しの中、大志を胸に雌伏を続けた悪党・楠木正成は、倒幕の機熟するに及び寡兵を率いて強大な六波羅軍に戦いを挑む。北方「南北朝」の集大成。
204217-9

き-17-7
楠木正成（下）　北方謙三
正成は巧みな用兵により幕府の大軍を翻弄。ついに京を奪還し倒幕は成る。しかし……。悪党・楠木正成の峻烈な生き様を迫力の筆致で描く、渾身の歴史巨篇。
204218-6

ふ-12-4
夜の橋　藤沢周平
無頼の男の心中にふと芽生えた一掬の情愛――江戸深川の夜の橋を舞台に男女の心の葛藤を切々と刻む表題作ほか時代秀作自選八篇。〈解説〉尾崎秀樹
202266-9

ふ-12-5
義民が駆ける　藤沢周平
老中の指嗾による三方国替え。苛酷な運命に抗し、荘内領民は大挙江戸に上り強訴、遂に将軍裁可を覆す。天保期の義民一揆の顚末。〈解説〉武蔵野次郎
202337-6